士魂商才の経営者

出光佐三語録

木本正次

PHP文庫

JN266781

○本表紙図柄＝ロゼッタ・ストーン（大英博物館蔵）
○本表紙デザイン＋紋章＝上田晃郷

出光佐三語録　目次

序　出光イズム

出光は、人間尊重の道場である

一章　独立

働いて、自分に薄く、その余力をもって人のために尽くせ

二章 苦闘

「石の上にも三年」を唯一の頼りとして奮闘した

三章 進出

出光の歴史は、敵をして味方たらしめる努力と熱意である

四章　養成

五章　危機

六章　消滅

七章　再生

八章　飛躍

序

出光イズム

出光は、
人間尊重の道場である

出光は、人間尊重の道場である。

出光は事業会社でありますが、組織や規則等に制約されて、人が働かされているたぐいの大会社とは違っているのであります。出光は創業以来『人間尊重』を社是として、お互いが練磨して来た道場であります。諸君はこの人間尊重という一つの道場に入ったのであります。（昭和二十八年四月、新入社員の入社式での佐三の訓示。『我が六十年間』第一巻より）

＊

出光佐三《さぞう》は、異色の実業家である。異色の経営者である。その説くところは、いつも形而上的な観念論であって、金を儲けるための商売のコツといった、実利的な側面は全くない。

むろん、実務の訓練は、きびしかっただろう。けれどもそれが、そのまま『金儲け』の方法論につらなることはなかった。

佐三の存命中は常にその右腕であり続け、のちに出光興産の相談役になった石田正實が、いみじくもいっている。

「この人は、私とは四十年を超える長い付き合いであった。にもかかわらず、私にはただの一度も、『金を儲けよ』とはいわれなかった」

石田は、昭和五十六年の三月七日に、佐三が満九十五歳の長寿の末に長逝した時に、その枕辺にいた身内の一人だが、亡き主人の横顔に涙しながら、しみじみとした述懐であった。

『金を儲けよ』とは、この上もなくナマで、率直で、具体そのものの表現だが、要するに、うまく立ち回れとか、うまく時勢に乗っていけとかいった種類の訓示なのであろう。それをこの人は、ただの一度もいわなかったというのである。

それでは、何をいったか？「人を、愛せよ」といった。「人間を、尊重せよ」といった。『人』とは自分の社員でもあり、また、お得意さんでもあり、さらに広くは国民全体でもあった。また、「日本人として、誇りの持てる経営をせよ」といった。そしてくり返し「働け」といった。例えば、次のような言葉である。

愛が、人を育てる。

一　人を育てる根本は愛である。愛とは如何なる場合にも、自分を無私にして、相手の立場を考えるということである。

われわれ出光は、この愛を口先だけでなく、ひたすら不言実行してきたがために、今日の人を中心とした出光の形ができ上がった。

愛によって育った人は資本となり、奴隷解放の出光六十二年の歴史をつくった。

（昭和四十八年九月の言葉。『出光オイル・ダイジェスト』四十八年十月号より）

尊重すべき人間は、愛の手で育つ。

五十年前、私が門司《もじ》で仕事を始めたときに、優秀なる学校卒業生は来ないから、家庭の事情で上級の学校へ進学できないけれども、人物も良く成績も良い子供を採用した。学問より人間を尊重したのである。はじめは、小学校を出たばかりの子供を連れてお母さんが会社に来られた。どうかこの子を頼みますと言われたときに、私はそのお母さんに代わって、この子を育てましょうと思って、引き受けた。その母の愛を受け継いだ私は、これを実行に移した。これが家族温情主義と言われているのである。

育てようという子供は辞めさせない。これが首を切らないということになった。

もちろん、家庭に出勤簿なんかありえない。労働組合も要《い》らない。子供が妻帯すれば、家賃も嫁の生活費も孫の手当もやることになるから、給料なんかも、しぜん生活給となる。お母さんはどこまでもお母さんであって、子供の喜怒哀楽に対してもお母さんらしくあるようにしているだけのことである。これを要するに、愛情によって人は育つという一言に尽きると思うのである。（昭和三十六年五月、四回目の海外旅行より帰りて在京社員に。『我が六十年間』第二巻より）

少数精鋭主義を唱えて、できの悪いものを首切るのは、真の少数精鋭ではなく、利己主義である。

家族肉親の愛は最高のものです。学問や理論や哲学で説明できません。あらゆるものを超越した人間の基本的あり方です。そういう愛情を基礎にしたものが家族温情主義です。その家族温情主義に育てられれば、人間として素直で真面目な人ができる。そういう人がお互いに信頼しあって全体をつくり、そして鍛練されれば、これは人間として最高のあり方です。それが少数精鋭となって最大の力を発揮するわけです。

少数精鋭主義を唱えて、できの悪いものを首切るのは、真の少数精鋭でなくて利己主義です。十人の子供がいれば、一人や二人はできの悪いのがおります。それをひっかかえていくのが家族温情主義です。（昭和四十四年五月『働く人の資本主義』より）

なにもいわないでいいから、相手の立場になって考えてやる、というのが愛である。

愛とはなにか？　ただ頭をなでてやることか？　そうじゃありません。なにもいわないでいいから、相手の立場になって考えてやる、というのが愛です。とりわけ、母親の子に対する愛はそういうものです。もっとも、この母親の愛だけで育った子供は純情ではあるが、実行力では不十分です。だから、今度は父の愛によって鍛練し、実行力を養い、ほんとうに人間の尊重をうちたてていけるような人にしていかなければならないのです。（昭和四十年五月徳山での講演。『我が六十年間』第二巻より）

新入社員は新しい子供である。

出光では、入社した社員は子供が生まれたという心持ちになって、これを愛の手を伸ばして育てることになっている。親と子供の関係というものは、これは理屈や利害の問題じゃない。無条件に子供の将来を考えるということだ。親子の間が親愛の情をもって結ばれるのは、世界中の人も同じだが、他人に対しても子供が生まれたという感じをもちうるのは、日本人の特徴じゃないかと思う。（昭和四十一年六月『マルクスが日本に生まれていたら』より）

尊重すべき人間を養成せよ。

人間尊重主義は、まず尊重すべき人間を養成せねばならぬ。これは難事中の難事であって、また大難事であるが故に、すべての基礎となるのであります。（昭和十五年九月「紀元二千六百年を迎えて」の講義。『我が六十年間』第一巻より）

＊

「働け」とはいっても、その時の出光の事業の中で、その職場で力を惜しまず働け——という意味ではなかった。例えば戦中のある時期には、出光のよってもって立っているものが石油業だったにもかかわらず、「石油のことは、些事《さじ》である」といった。また、敗戦直後に何の仕事もなかった時に、やっと手に入れたのがラジオ事業だったのに、「ラジオのことは、些事にすぎない」といった。

それでは「些事」でなく、真の働く目的は何だったのだろうか？　またまた佐三の言葉に聞こう。

国家社会に示唆を与える。

純朴なる青年学生として人間の尊重を信じて「黄金の奴隷たるなかれ」と叫んだ私は、これを実行に移して、資本主義全盛の明治、大正時代においては、人材の養成を第一義とし、次いで戦時統制時代においては、法規、機構、組織の奴隷たることより免れ、占領政策下においては権力の奴隷たることより免れ、独立再建の現代においては数の奴隷たることから免れえた。また、あらゆる主義にとらわれず、資本主義、社会主義、共産主義の長をとり短を捨て、あらゆる主義を超越しえた。かくて五十年間、人間尊重の実体をあらわして「われわれは人間の真に働く姿を顕現して、国家社会に示唆を与える」との信念に生き、石油業はその手段にすぎずと考えうるようになったのである。（昭和三十六年五月、在京社員への訓示。『我が六十年間』第二巻より。傍点は筆者）

＊

まるで、哲人の言葉である。とても『実業人』の言葉とは思えない。けれども出光佐三は、生涯そんな言葉ばかり吐き続けた。そして、事業経営の上でも、稀《まれ》にしか見られないほどの大きな成功を収めている。

商売を語らずして、いや、むしろ、商売なるものに逆行するようなことを語って、しかも商売でも成功を収める。その間の秘密は何だったのだろうか？　以下、出光の言葉を吟味しながらその生涯を追って、いささか秘密の解明につとめてみたい。

一章 独立

働いて、自分に薄く、
その余力をもって人のために尽くせ

働いて、自分に薄く、その余力をもって人のために尽くせ。

私の家庭も醇風美俗《じゅんぷうびぞく》の地方風の影響を受けて、よい家風でした。私の父は私に「働け、働け」といって、怠けたら非常にしかられた。「働け、そして質素にせよ。ぜいたくをするな。働いて、自分に薄く、その余力をもって人のために尽くせ」といわれた。この父の教えが、私の会社のいまのあり方になっているのです。一生懸命働いて、経費の面でも徹底的に合理化して、消費者のために尽くすという私の会社のあり方は、私の両親の教えから生まれておると思うのです。(『我が六十年間』第三巻から)

＊

出光佐三は、明治十八年の八月二十二日に、福岡県宗像《むなかた》郡赤間村(現・宗像市赤間)に生まれている。父を藤六、母を千代といい、兄一人、姉一人を含む八人兄妹の三番目であった。

遠祖は大分県の宇佐八幡宮の大宮司だったといわれるが、佐三が知ったころには、赤間在で代々、藍玉《あいだま》屋であった。徳島から藍玉を仕入れてきて、久留米耕《くるめがすり》の久留米や、博多織の福岡周辺や、その他近郷近在に売りさばくのである。祖父の代までは裕福で、近在の長者番付などに載っていたが、父の代の中ごろから、没落が始まった。

というのは、そのころドイツで、藍玉に代わる人造染料『インジゴ』の合成が成功、やがて工場生産に入ったからである。工場生産の始まりが明治三十年で、その影響は、福岡へは三十四、五年ごろから徐々に現われ、佐三の成人期の三十八年から四十年ごろには、怒濤《どとう》のように『人造染料時代』が来てしまうのである。

そんなことには一応関係なく、佐三は土地の小学校の高等科を経て、福岡商業に進学した。

佐三は、幼少時代から虚弱で、特に目が悪かった。そのために、ある年には、学校へはろくに出ないという年もあった。そのうえ、進学について父親ともめたので、商業学校入学は、順調に行った高等科卒業生よりさらに二年も遅れてしまった。

そんな具合にいえば、藤六には父親としての値打ちがあまりなかったように聞こえるが、そうではなかった。地方実業家に似げなく書画を愛し、またこれをよくした。俳諧の道にも造詣が深かった。佐三が後に仙厓《せんがい》の書画を熱愛するようになったのも、その始まりは父親の影響であった。時勢のせいで自分は没落したものの、佐三たちには「働け働け」といい、学業の余暇には、よくカケ取りなどに行かせた。

佐三はともかく、三十四年には福商に入学した。家業の関係からか、紺屋の二階に下宿しての通学であった。

目が悪いので、本はあまり読まない。つまり、あまり勉強はしなかった。「その代わり、徹底的に考えた」と本人はいうが、よそ目には、筑前琵琶を〝びゅんびゅん〟鳴らして、弾《ひ》いているばかりだったという。それでも同級生五十九人中で、一年の時が二番、二年が一番、三年、四年が三番だったというから、持って生まれた頭のよさがあったのだろう。

福商は四年制なので、三十八年の三月に卒業だったが、成績がトップクラスなのに、優等卒業生の名簿の中には加えられなかった。それにはややこしい経緯があるが、先を急ぐので簡単に述べると、卒業記念の修学旅行の問題で学校側ともめて、佐三たちは生徒ばかりで『八幡製鉄見学旅行』というのを決行した。それがとがめられて、「あわやストライキ」というところまでいったが、時の福岡市会議長が調停に立って、全員がある程度の懲罰を受けることで落着した。

そうしてやっと卒業できたが、佐三はスト騒ぎの首謀者とみられて、おかげで

『優等賞』がパアであった。パアはパアとして、佐三の方も母校は母校ながら、後に卒業する神戸高商と違って、福岡商業は少しも懐かしがっていない。普段は批評はさし控えていたが、卒業後五、六十年も経った昭和三十七年になって、ふと寸言を漏らしている。

「神戸高商の水島校長はすばらしい人で、先生たちを弟のごとく、学生を子供のごとく、温情家族主義で人間を育てるやり方だった。一人一人から話を聞き、叱るべきは叱り、諭《さと》すべきは諭し、そりゃよく世話を見られたもんじゃが……福岡商業は、まるで逆じゃったもんね」

次いで四十一年夏、親しい人にいった。

「私は、福商では、『ヤンキー』といわれたもんね。私は私なりに、外国の個人主義には批判を持っていたが、そんな私がヤンキーといわれたのは、一方では日本の封建の遺風についても反発を感じ、批判を持っていたからだろう。私は、日本と外国との長所、短所を、私なりに理解しているつもりだったのだが……」

ことほどさように、当時の福岡商業の気風は、封建的、官僚的、非家族的だったのだろう。

さて、こうして佐三は神戸高商の入試を受けるのだが、それがまた『出光式』というか何というか、殆《ほとん》ど類例のない式のものであった。入試に行くに際して、布団をはじめ身の回り品一切を神戸に送ってしまったのである。「四倍強もの競争率だというのに、もし落ちたら……？」そんなことは一切考えなかったらしい。

落ちたら、どういって笑われただろう？　もっとも、落ちても、港のある、世界に開いているこの町に居ついて、それなりの方針を立てるつもりだったのかもしれないが……ともあれ、うまく合格して入学した。

肉親と変わらぬ水島先生の情愛

神戸の高商にはいって、学窓から大阪の金《かね》万能の世相を見て、黄金の奴隷になるな、社会は人間が中心である、というような考えを持つに至った。私が『人間尊重』ということをいうようになったのは、この恵みである。

この学校は水島銕《てつ》也《や》先生が初代の校長であった。先生は東京高商（現在の一橋大学）を出て横浜正金銀行にはいられて、その後、病《やまい》を得られて教育界にはいられた人であるために、人情の機微を十分に理解された名校長であった。私は第三回の卒業生であるから、水島先生によって育てられたようなものである。先生は若い教授や生徒を肉親のように愛撫された。学生の一人一人に面接され、自宅に招いては家庭の事情から本人の性格、就職の希望などを聴かれ、自ら一人一人就職の世話をされた。就職後も自宅に呼びよせて、いろいろと配慮され、実際の肉親と変わらない情愛を示された。（中略）私の会社で、愛によって社員を育てるとか、人間尊重とかいっているのも、もとをたどれば学生時代に種をまかれたものである。（『我が六十年間』第二巻より）

＊

その神戸高商に、校長の水島銕也がいたのである。そして出光は、彼によってその生涯を決定するような、感化影響を与えられたのである。

ごく簡単にだが、水島に触れておく。

水島は、大分県中津の人で、郷里では蘭学の祖の一人である前野良沢と、福沢諭吉と、それに水島銕也の三人を挙げて、『中津が生んだ三巨人』としている。ちなみに福沢と水島の父とは親しい友人であった。

水島は名校長の名が高かった。東京高商の出身で、四十歳の時に、母校の教授から、創立されたばかりの神戸高商の校長に転じて来たものであった。まだ創立早々といってよく、出光は、その第三回の入学であった。

当時は日露戦勝の余波で、日本には成金的な気風があった。特に大阪、神戸といったいわゆる関西地方では、黄金万能の風潮が強かった。

これに、水島は反発して、『人間尊重』を説き、『愛』を説いた。実業人の心構えとして、『士魂商才』を力説してやまなかった。実業に進むならば、黄金の尊ぶべきはもちろんだが、決して黄金の奴隷になってはならないと教えた。

水島は、面倒見がよかった。卒業前には、一人一人の学生に面接してその志望を聞き、それが叶うように尽力を惜しまなかった。卒業後も、折に触れては激励や助言の手紙を送った。

水島の感化が強烈だった一因は、当時は学園の規模がさのみ大きくなくて、出光の学年にしても、卒業時に百七人であった。全校で三、四百人そこそこの学生数だから、教師にしても、かゆいところへ手が届くわけで、水島にしても、出光の『すぐ目の前』にいたわけである。呼ぶまでもなく、ちょっとの合図で答える近さであった。今日《こんにち》の何千何万人といて、学長なんてものは遥か雲の彼方といったマンモス学園とは同日の談でなかっただろう。

出光は、その水島に師事し心酔し、深い感化を受けた。『士魂商才』こそわが進むべき大道と、心に銘じた。

講義の中で感銘の深かったのは、内池廉吉教授の『商業概論』であった。

「商売は金儲けではない」といって、

「ただ物を動かして、中間に立って利鞘《りざや》を取るだけの商人は、今後、不要になる」

「生産者と消費者の中間に立って、これを直結して双方の利益を考える、配給者としての商人だけが残る」

と、商業の社会性を説いた。感銘を受けた佐三は、後にこれを演繹《えんえき》して『大地域小売り業』といって、多数の支店を抱《かか》えて、広い地域にわたる小売業を営むことを実践する。


家業は破産に瀕《ひん》していたけれど、そんなことは知らされない佐三の神戸での学生生活は、まず安穏であった。

現在の新幹線新神戸駅に程近い、布引《ぬのびき》の滝の近くの、家業で懇意だった家に下宿する。

高商には『友団』という組織があり、同じ県出身の者が同じグループを作る習慣があった。佐三たちの福岡の友団には、三級下に久留米商業出身の石井光次郎などがいた。後の衆議院議長である。

佐三も田舎者だったが、石井も変わりがなかった。

上級生の佐三から、よくミルクホールでコーヒーのご馳走にあずかったが、匙《さじ》で一匙一匙すくって飲むので、佐三から、

「おい君、ガブガブ飲んでいいんだぞ。みっともない、匙ですくったりするなよ」

と注意されたりした。

そのうちに、佐三には実家の困窮ぶりが次第に判ってきた。化学染料の普及で、『藍玉業』なんてものは日一日と時代遅れになり、家業が没落に瀕していることが何となく判ってきた。

「何か、アルバイトをしなければ……」

当時はむろん、アルバイトなんて言葉はなかったが、何か『仕事』をしなければ、のうのうと学校に通っているわけにはいかないと、知れてきたのであった。

佐三の下宿の近くに、『橋本病院』というのがあった。佐三をはじめ学生たちも、風邪をひいたりするとよく世話になっていた。

その橋本病院へ、淡路島の日田重太郎という人物が、よく出入りしていた。橋本病院の親戚で、淡路では名だたる名家であり、分限者《ぶげんしや》だということであった。神戸

にも別宅があって、そこで中学受験の長男といっしょに暮らしていた。

佐三は、橋本病院へ出入りするうちに、その『日田』なる人物とも親しくなり、ついに見込まれて、子供の家庭教師を頼まれるようになった。また、そうして家庭教師をするうちに、日田とはいっそう親しくなっていった。

そのうちに、卒業が迫ってきた。

出光は、卒業論文のテーマとして、『筑豊炭田』に着目した。出光の郷里宗像《むなかた》のすぐ背後地が、筑豊炭田であり、そんな土地の近さが、出光の興味を呼んだものであった。

石炭業、石油業、相助けて日本の工業発展に資すべし。

（重油ト石炭ヲ比較スルニ）種々ナル点ニ於テ重油ノ石炭ニ勝レルヲ発見シタリ。今ヤ世人モ一般ニ之ヲ認メ……現状トシテ採炭業ハ其ノ旺盛時代ニアルニ反シ、石油業ハ未ダ以テ其ノ発達大ナラズ……両者相倚《よ》リ相助ケテ我国工業ノ進歩、文明ノ発達ニ資スベキモノナリ。（明治四十二年三月、神戸高等商業学校の出光佐三の卒業論文より）

ひいてはこれが、出光と『石油』との、歴史的な『出会い』となるのだが、その時に直接取り上げたのは『石炭』であった。出光は、まず当時の石炭業者の驕傲《きょうごう》ぶりから筆を起こして、石炭業そのものの二つの弱点をあげる。

その一は、埋蔵量に限りがあること。しかも坑道が深くなれば、それだけ経費がかかり、国際競争力が低下する。かくて日本国内の炭業は、否応なく斜陽化する。

その二は、経営の体質である。収益を湯水のごとく浪費して恥じない。経営者がそうなら、労働者も刹那的である。悲劇的な成り行きを防ぐためには、鉱区の合同や共同販売組織の結成、また従業員の老後のための保険制度などが必要であるが、そのような努力が多くなされているとはいい難い。

＊

また、『石炭大艦隊』と『石油大艦隊』との遭遇戦を考えてみると、石炭の艦隊は、その『煙』によって、より早く敵から発見される。また逆に、その煙に妨げられて、敵がよく見えず、照準が定め難い。よって射撃に難点を生じる。こんなことが重なって、『石炭』の艦隊は不利を生じる（余談だが、この同じ年代に、同じ理由で艦隊の『石油化』を考えたイギリスのチャーチルは、イランの石油利権に英国政府の資本を入れてこれを支配下に置き、潜在的な艦隊戦力比においてドイツより優位に立つことに成功した)。

けれども、石油業はまだそれほど振興されていなかったので、佐三の論文も資料の入手に難渋するが……ともかく佐三は、手に入る限りのデータから、石炭と新興の石油が競い合う有力市場は、大連《だいれん》と上海であろうと推論する。——以上がこの論文の要旨であった。

商人は独立自存だ

さて、佐三は、神戸高商を卒業する。就職であった。

佐三は最初は外交官志望だったのだが、父親から反対された。

「外交官といったって、お上《かみ》の都合一つで、電話一本で、自分の意思とは何の関係もなく、どこへ飛ばされるか判らんではないか。そんな不安定な仕事が何になる。それよりは、商人になれ。小なりと雖《いえど》も、商人は独立者だ。独立自存だ。自分の思想や好みや、つまり信念が貫けるではないか」

なるほどと思ったので、父の意見に従って商人の道を選んだ。

そして、どうせ商人になるのなら、大会社に入って一小局部ばかり担当させられるよりは、それこそ小さくてもいいから、全体を知り得る立場に立ちたいと考えて、『酒井商会』という、神戸市兵庫区鍛冶屋町《かじやちょう》の、石油・機械油と小麦を扱う商店に入ったのだった。店員数名という、文字通りのちっぽけな商店であった。

酒井商会に入ってからも、日田重太郎との交友は続いていた。出光が家庭教師をつとめた長男は、無事中学生になっていた。

明治四十四年の、三月のある日曜日であった。日田は佐三を、六甲への散歩に誘った。佐三も休日だったので、誘いに応じた。

春の日は、うららであった。日田は佐三よりは九つしか年長でなかったが、感じとしてはずっと年上のようであった。年に似合わず禅味を帯びた人物で、茶の湯や古美術品を愛し、社寺を歴訪することなどに趣味があった。

日田は淡路の名家の出で、同じ淡路の名家である日田家の妹娘と養子縁組したもので、その間、複雑な事情があるらしく、故郷に住むことを嫌い、こうして神戸、京都と他郷へ出ているのであった。

その日は天気がよかったのに、出光は浮かぬ顔をしていた。というのは、これより先、佐三は店の用事で台湾へ出張し、見事な成果をあげての帰り道、門司《もじ》で下船して、赤間の我が家へ帰ってみたのだった。

そこに、我が家はなかった。驚いてたずね歩いて、我が家が藍玉業の不振で没落し、散り散りになったことを、初めて知ったのだった。

母と末弟の計助が、戸畑に引っ込んでいるというのを聞き出して、すぐにたずねて行った。

「おう、よく来た。立派になって……」

母は、履物と日用雑貨の、店とはいえないほどの小さな店を営んでいた。この母が、父の藍玉業とは別に細々とした呉服の商いをして、その収入と自分の持ち物を売ることで、佐三を高等商業に行かせてくれたのだった。その程度の内情は、佐三とて知っていた。母は涙を流して、佐三の成人ぶりを喜んでくれた。

泊まっていけと止めるのを振り切って、佐三は家を出たのだった。計助には欲しがっていたゴムマリを一個買い与えた。計助は、立派に洋服を着て、帽子をかぶり靴をはいた兄の姿に、この上の誇りはないといった喜びようであった。

――そんなにして、帰ってきた神戸であった。

（何とか、一日も早く独立して……。両親を、引き取らねばならない！）

佐三の胸は、そういう思いで焦げるようであった。

（兄妹を、散り散りにしておくわけにはいかない。少なくとも、まだ小学生の計助だけでも……)

苦悩の思いは、自然に顔に出てしまう。何も物語らなかったけれど、あるお寺で小休止した時に、日田から図星をさされてしまった。

「君は、心が重いのだねえ。お父さん、お母さんのことが、心がかりでならないんだねえ」

日田は、いった。

出光商会をつくった動機は、親に孝行し兄弟を救おうという日本人の道徳からでたことである。

私は丁稚《でっち》奉公をしたのですが、ここで非常に恵まれたことがある。丁稚奉公を二年くらいしているときに、私の実家が親類に迷惑をかけられて破産したんです。それで、母が小さい履物の小売店をやっておるのを見て、びっくりして、私はその場でいまの勤めをやめて、親兄弟のために働かなければならんと決心した。これが出光商会をつくった動機なんです。

これは親に孝行し、兄弟を救おうという日本人の道徳からでたことです。その場で私は決心した。しかしながら私には金がなかった。そこに淡路の日田重太郎という人がいた。私が二十五、日田さんは三十四の年でした。この方は淡路の地主さんでしたが、非常に質素な方で、神戸にきておられて、私のあり方を見て、京都に持っている別荘を売って、六千円という金をお前にやるのだといわれた。

当時の六千円はいまと違って大した金ですよ。「これはお前にやるのだ。返すには及ばない。利子もいらない。おれは事業に経験がないから興味もない。事業の報告もいらない。ただ、初志を貫いて終始一貫せよ。そして親に孝行して兄弟仲よくせよ。これがおれの希望だ。金はやるのだ」といわれた。

これは日本の徳のあり方です。ところがその上、さらに「このことを人に話すなよ」とつけ加えられた。普通なら恩をきせるはずなのに、人にいってはいけないといわれた。これは、道徳のうちでも最高の陰徳のあり方です。人に恩をきせない陰徳のあり方を日田翁に教わったということは、私は日本人としてどこまで恵まれているのかということです。（『我が六十年間』第三巻より）

＊

佐三は黙って、うつむいていた。

「君は……そのために独立したいんだね。けれども資金がなくて……そのために、悩んでいるんだね」

日田のいうことは、ますます図星であった。佐三は相変わらず、黙ってうつむいていた。

「よろしい、独立したまえ！　そのための資金は、僕が上げるよ」

「ええ⁉」

と、佐三は飛び上がるほどに驚いた。

「幸い僕はいま、京都にも一軒、別荘を持っている。それは、要《い》らない家だ。要らないから、売ろうと考えている。売れば、八千円ほどにはなるそうだ。僕はいま、さし当たっては二千円ほどしか要らないから、残りの六千円ほどを、君に上げようじゃないか」

「そ、そんなッ⁉」

と佐三は絶句した。明治四十四年の『六千円』である。仮に貨幣価値を低く抑えて一万倍と考えても、現在の金では六千万円にはなる。

「そ、そんな大金を、わけもなくもらうわけには参りません！」

「いや、わけはあるよ」

日田は、恥ずかしそうに笑った。

「君は、見どころのある青年だ。僕は君に、君のやりたい仕事をさせて上げたい。君は、そのために金が要る。けれども、ない。僕は、ある。けれども要らない。要らない金を、要る人に上げようというのだ。これほど立派な『わけ』はないよ」

「し、しかし……」

「しかし、も何もないよ。君は、遠慮してるんだろう。遠慮することはない。黙ってもらって有意義に使ってくれたまえ」

「……」

「これは、君に『上げる』のだから、返す必要はない。したがってむろん、利子も要らない。僕は事業のことは判らないから、事業報告も要らない。ただ、君が一生懸命働いている……それを僕は、黙って見ていればいいんだ。いや、君が初志を貫いて事業をなし遂げ、一家仲よく暮らしていくのを、見ていたいんだ。だから、これは黙ってもらってくれたまえ」

「……」

佐三は頭がしびれて、暫《しばら》くは何も考えられない状態であった。

「暫く……考えましてから」

やっと答えた。

「うん。そうしてくれたまえ。しかし、考えるのはいいけれど、他人には話さないでくれたまえ。ひとに話なんかされると……何だか恩きせがましくなって、僕の気持ちにそぐわないんだよ」

「……はい」

はい、とは答えたけれど、何しろ問題が大きすぎた。一人きりの思案には剰《あま》った。

「もらうべきか。もらうべからざるか？　どうしようか？」

佐三は、福岡商業以来の親友で、そのころは日本製粉の神戸支店にいた八尋俊介に相談した。

八尋も驚き、かつあきれた。が、

「折角のご好意じゃないか。もらうことにしたら？」

と知恵づけた。それで佐三はやっと踏《ふ》ん切《ぎ》りをつけて、この破天荒な、『六千円』という頂戴ものを、いただくことにした。

日田重太郎から、六千円をもらおうと決めた時に、出光佐三の心にまず浮かんだのは、

『石油――』

ということであった。

（石油業をやろう！）

それはもう、先験的な決定のようであった。疑念の浮かぶ余地がなかった。神戸高商の卒業論文に書いた『石油』である。そして、酒井商店でこの二年、手を汚し続けてきた石油である。石油業のほかの、他の職種を選ぼうという気持ちは、佐三の心に、てんからなかった。

次は、

『門司――』

という地名であった。北九州の突端にある、門司という『新興都市』を、開業の地にしようという決心であった。門司は西に開いている日本の表玄関で、朝鮮、満州はすぐ目の前であった。これもまた、先験的な決定のように、佐三の心の中で動かぬ地位を占めた。

決心すると同時に店を飛び出して、佐三は電車に飛び乗って大阪に向かった。北浜の、日本石油の大阪支店である。

支店に着くとすぐに、酒井商会を担当している谷川湊という社員に面会を申し込んだ。

「谷川さん、僕は独立することに決めました。どうにか資金もできましたので……」

会うとすぐ、本論を切り出した。

「ほほう、それはおめでとう。ところで、どこで何の商売をするのかね？」

「はい。門司で開店——」

「なに、門司⁉」

と、谷川は、皆まで聞かずに一膝乗り出した。

「それは奇縁だ。実は僕も、今度転勤して、下関の店長を務めることに決まったんだよ。門司といえば下関の管内だ」

「ほほう、それは有難い。実は僕も、日本石油さんにお願いして、石油の商売をしようと考えてるんですよ。あなたが店長さんとは、これは有難いですよ」

「いや、しかし君、そう簡単には行かんぞ。灯油の代理店なんか、下関の管内でも、もうとっくに決まってしまっているわけだ。いまから割り込もうたって、君——」

「いいえ、灯油でなくていいんです。灯油が無理なことは、僕だって十分承知していますよ」

「灯油でなくていいって……では何の特約店をやるつもりだね？」

「はい。まず機械油でお願いしてみようかと思っています。機械油でしたら、それほど志望者も多くはなかろうと……」

「ほほう、なるほど――」

谷川は考え込んだ。

「それは一案だが……しかし君、それはやめとく方がよくはないかね。なるほど機械油なら、特約店の権利は取れると思うけど……、それだけに、営業が困難だぞ。時代はもう、電気モーターの時代にはいっているよ。蒸気機関時代の機械は、いまやすべて斜陽だよ。蒸気機関の時代こそ、機械にさすために機械油は大量に要ったが、次第にその必要性は減っている。いまさら機械油専門でいくといったって……」

現在の言葉では、『潤滑油』である。潤滑油専門でいくというのは、いくら何でも冒険的でありすぎよう。

「はい。それは判っていますが……ともかく、石油の一端に取り付くためです」

「よほどの決心を持ってかかるというのなら、別だよ。ともかく僕は、君のためならできる限りの応援はするがねえ」

「お願いします」

それでほぼ、決まりであった。

二章

苦闘

「石の上にも三年」を唯一の
頼りとして奮闘した

母親の誕生日に開店

日田といっしょに京都の登記所へ行って、登記を済ませて六千円を受け取った出光は、すぐ汽車に乗って門司《もじ》に行って、店を探した。

門司は九州北端の町で、本州西端の下関と向かい合って、中間に『関門港』を形成している。

明治初年までは、戸数五百ほどのうらぶれた漁村にすぎなかった門司は、同二十年ごろから始められた築堤工事と、二十四年に開通した、門司港駅を始点とする九州鉄道（のち国鉄、JR九州）のおかげで、忽《たちま》ち北九州最大の海陸交通の要衝《ようしょう》となった。

やがて下関港とともに、米麦や石炭の特別輸出港としての指定を受け、筑豊炭田の発展とともにブームを招来した。三井や三菱をはじめ日本の代表的な資本が、狭い門司へと集中的な進出を始め、三十一年には、日本銀行までが支店を置くようになり、三十二年の四月には、北九州のトップを切って早くも市制を布《し》いている。この年（明治四十四年）の春からは、ずっと西の八幡、小倉の方から伸びて来た九州電気軌道（のちの西鉄）の電車が開通して、山が海際まで迫っていて極めて狭く細長い門司の海岸通りの繁華街を、縫うようにして走っている。

活気に溢れる市であった。港も町も、そうであった。佐三はここに、腰を据えることにした。

その電車の終点に近い、鎮西橋停留場と東本町停留場の中ほどのところに、佐三は事務所を借り受けた。二階建てのしもた屋の前半分だけである。周りには中央の有名会社の支店とか、洋館風の建物が散在しており、公衆電話のボックスも目についた。

階下は洋風にしつらえて、机や椅子を入れて事務所にした。神戸高商の水島校長に書いてもらった『士魂商才』の額を掛けた。二階は店主の佐三をはじめ、従業員たちの宿舎である。

その従業員だが、番頭格は井上庄次郎といって、生ッ粋の博多弁を使う四十男であった。

父藤六の友人で、元三井物産の支店員とかいうことであった。これは通《かよ》いで、住み込んではいない。

住み込んでいるのは、寮母代わりにやって来た佐三の妹のタマと、丁稚《でっち》として入店した弟の泰亮と、それに小学校を出たばかりで雇った二人の丁稚少年であった。

タマは佐三よりは三つ年下の二十二歳で、佐三はじめ一同の身の回りの面倒を見る。泰亮は佐三よりも十一年下で、高等小学校を出たばかりのおとなしい少年であった。

悪天続きだったが、梅雨の晴れ間を待ちかねるようにして六月二十日に店開きした。実は晴れ間を待ったのではなく、その日が母親の誕生日なので、親孝行な佐三は、誰にもいわずにその日を待ちわびたわけであった。

「石の上にも三年」を唯一の頼りとして奮闘した。

創業に際し、(中略)内池先生より示唆されたる、『生産者より消費者へ』の方針に準拠しようと考えたのであります。生産業は各方面に勃興し、他方消費も多方面となり、次第に社会が複雑化するに従い、両者の中間に立って相互の利便を計る機関は、社会構成に絶対必要なる事業でありまして、社会と共に永久であると云う信念を持ったのであります。

(しかるに)総ては見込違いでありました。電機の発達によりまして、機械油の消費は逓減の歩調を辿って居ました。無経験の青二歳の想像も付かない難事業であり

ました。斯業の先輩は親切に『開店中止』を勧めました。（中略）

先輩の一人からは「君が今日礦油の販売に成功するならば、如何なる難事業をも成し得ると云う、一つの試金石の積りでやり給え」と宣告されました。私は水島先生の卒業式の告辞「石の上にも三年」を唯一の頼りとして奮闘しました。三年は瞬く間に過ぎましたが、行路は年と共に艱難を加えて来るのみでありました。（昭和十五年九月『紀元二千六百年を迎えて店員諸君と共に』より）

＊

朝一番の門司港駅発の列車に乗って、佐三と井上の二人は、小さなカバンに見本の油の壜《びん》をおさめて、筑豊の炭田地帯へ通った。カンカン照りの夏の日をくたくたになるまで歩き回ったが、『機械油』は一向に売れなかった。

枕木伝いに線路を歩いて、各炭坑の事務所を回るのだが、新米の油屋などはどこでも相手にされなかった。みな、古い馴染みの店がある。

「間に合ってるよ」

気風の荒い炭坑事務所で、たいてい玄関払いであった。どうにか事務所の中に立ち入れても、佐三の端正な風貌とか、きちんとした服装とか、またどことないインテリ臭さなどが、忽ち事務所の衆から毛嫌いされる。

佐三は中肉中背で、痩せぎすであった。眼窩《がんか》の引っ込んだいわゆる『奥眼』で、それに楕円形のやや小型の銀縁の眼鏡をかけている。かなり日本人ばなれした風貌であった。

炭坑の購買係などみな叩き上げで、佐三が学校出だなどと判ったりすると、もう相手にしてもらえない。自分では語らなくても、ついポケットに差している経済誌の一冊などが、身元を明かしてしまうのだ。

炭車の車軸油、グリース、機械にさすシリンダー油と、どれ一つ売れない。赤池、金田、小竹、方城、田川、直方と……毎日毎日歩き回るのだけれど、靴の底が減るばかりだ。

「どうだ、売れたかね？」

「いや、全く売れまっせん」

井上と顔を合わせると、ため息ばかりであった。

一年ばかり筑豊を歩きに歩いて……そこで獲得したのが二つ三つの小さな炭坑の注文ばかりで……歩き疲れて方向転換してみたのが、戸畑の『明治紡績』という工場であった。

そこで初めて、工場長の安川清三郎以下に認められて、佐三は工場へ潤滑油を入れることになる。明治紡でもそれまでは、汽缶室の大きな機械にさすのも、精紡器のスピンドルにさすのも、同じ油であった。

「不合理じゃないですか?」

佐三は指摘して、重い機械の潤滑油、軽い機械の潤滑油と区分けして、調合を始めた。この時代には、機械油の代理店なんかは、親会社から下りてきた商品をそのままに、何の手も加えないでお得意へ納めるのが一般であった。それを誰も怪しまなかった。

佐三は、『一般』とは違う努力をしたのであった。それはあるいは、子供のころ、父の藤六が藍玉を納めるについて、納品先の製造する品物に合わせて、色彩の濃淡その他の工夫をしていたのを、その目で見てきたせいかもしれなかった。「注文に応じて手を入れるのだ」。親会社からの品物を、そのままは納めないのが、佐三の『常識』だったのかもしれない。

このとき、さまざまの努力をして油の調合をした経験が、後に佐三が『浮くか沈むか』の大転機に立った時に、大きく役立つのだが……むろん今はまだ、それは判らない。

さて、そんな具合に調合して持っていくと、

「これはいいなァ！」

いいに決まっている。そんな常識的な仕分けさえ、当時の田舎工場ではされていなかったのであろう。

明治紡のほか、当時の神戸の鈴木商店が門司の大里《だいり》へ進出して、幾つかの工場など経営していたが、そこへも佐三は納品することになった。

けれども、そのくらいの受注では、追っつかなかった。資金はどんどん食い込んで、開業満三年を経た大正三年の夏の初めごろには、「もう店仕舞いしたい」と悲鳴をあげて、スポンサーの日田に相談する始末であった。

そのころ日田は子供連れで、門司に遊びに来ていた。佐三の近くに何日か何週間かいて、佐三の働きぶりを目を細くして眺めていたいからであった。といってむろん、佐三の仕事に口出しするわけではない。

思うに日田は、何かの事情があって表に顔を出したくなかったのであろうか。それともひどく退隠的な性質で、自分では表の仕事をしたがらなかったのかもしれない。

にもかかわらず、金はある。その金を出して、誰かを自分の代わりに働かせて、それを傍《そば》から、まるで自分が働いているかのように、眺めていたかったのかもしれない。ともかく、佐三もそれ以上の突っ込んだ事情は書き残していないし、いまとなっては『真相不明』というのほかない。

「そんなことで、どうするのですか！」

佐三の相談を受けて、日田は機嫌を悪くしたという。

「一度やり始めたことです。とことんやってみなはれ。資金の追加が要《い》るのなら、まだ神戸の家が残ってます。あれを売れば、そのくらいの役には立つ。やり遂げなはれ！」

佐三は、

「はい――」

と答えるしかなかった。

(俺にはもう、退路はない！)

佐三の性根《しょうね》が本当に据わったのは、あるいはこの時だったかもしれない。もはや、退路はない。行き倒れになってしまうにしても、自分にはいまの道を前向きに進むのほか、道はないのだと佐三は覚悟した。

大正二年の夏、出光は満州に旅行をした。

新市場開拓のための検分を兼ねてはいたが、主として見聞を広めるためであった。商売の上では、さしたる収穫はなかった。

翌三年の八月に、今度は秋田から東京へと旅をした。

日本石油の秋田の黒川油田が、この年の五月下旬から、噴きに噴いていたのである。そのために、国産の出油総量が輸入量とほぼフィフティ・フィフティになり、日本の石油史上、最高の出油量を記録するに至ったのである。

出光の旅行は、その現場を視察するためであった。そしてその帰路の九月上旬に、東京に寄った。

有楽町の日本石油本社に顔を出し、社長の内藤久寛にも会って、帰りは内藤の車で、東京駅まで送ってもらった。

「ほほう、いい車だねえ。社長さんの自家用車ですか?」

出光は、運転手にたずねた。

「さようでございます。イタリア製のフィアットと申します」

運転手は答えた。運転席が独立して、客席の前に付いている型の車であった。

「社長さんは朝夕、この車でご通勤ですか?」

「さようでございます。社長は靖国神社の北の麓の方にお住まいですので、毎朝、宮城のお濠《ほり》の北から東を通って、有楽町へご通勤です」

いいながら運転手は、車首を東京駅の方に向けて走り出した。

「自家用車で通勤の社長さん方は、大勢いらっしゃるの？」

「はい、いえ……。大勢と申しますか何と申しますか……確かにこのごろ、急に増えては参りましたが……」

そういって運転手は、ちょっと首をひねったが、

「耳学問で、聞きかじりですから、間違っていたらごめん下さい。日本の自動車は、明治三十一年に輸入された一台が初めてだそうでして、それから最近まで十年ほどは殆《ほとん》ど増えませんでした。明治四十一年の登録台数は九台しかなかったそうでして……ところが近年になって急に増えだしまして、四十三年には百二十一台になり、四十四年には二百三十五台に、四十五年——大正元年には五百十二台に、二年には八百九十二台にと、大へんな激増が続いています。いまではもう、千台を超えるんじゃないですか」

「ふーん。詳しいんだね、君」

「いや、先日社長さんとごいっしょに、偉い役人さんをお乗せしましてねえ。お話ししてるのを聞いといて、お降りになるとすぐノートを出して控えたんですよ。何

しろ自動車は、こちらの商売ものですから……」

運転手は笑った。出光も笑ったが、突然真面目な顔になって、

「あッ、そうだ。これだッ！」

と、小さく叫んだ。

「何でございますか？」

「いや、何でもないです」

答えたけれど出光は、それから急に黙り込んで、東京駅まで考えに耽《ふけ》っているようであった。

機械油から燃料油へ

東京駅から汽車に乗って、途中大阪で下車して日石の支店と神戸の酒井商会に顔を出し、出光が下関に帰りついたのは、二、三日後のある朝であった。

まだ、海底トンネルはできていないから、下関駅は現在よりはずっと北東の、下関の町のまん中にあった。そこからすぐ連絡船に乗って、門司までは三十分足らずであった。

帰りつくとすぐ井上から留守中の報告を聞き、いったん引っ込んでひげを剃る

と、出光は、服装を改めて出てきた。

「行ってくる」

どこへですか、とは聞かず、「行ってらっしゃいませ」と一同で送り出した。

出光はその午後中、門司と下関で、海事や港湾関係の役所や、漁業会社などを訪問して、何か調べごとをして過ごした。

夕食が終わってから、出光は店員を集めた。

開店のころとは、顔ぶれも変わっていた。井上の次席には、後にタマの婿となる真武周三がいた。福岡商業出身で記帳役の小田達夫とか、赤間小学校出の上部数夫、田中徳太郎たちが顔を揃えた。

「店の方針を、転換する。きょうはそれについて話す」

と、佐三は口を開いた。

「僕は、東京で、日石社長の自動車で東京駅へ送ってもらった。それで思いついたんだが、照明用の、つまりランプの油や、潤滑用の油から、動力用の油に、狙いを転換したい」

「自動車の……ガソリンを扱うんですか?」

真武がたずねた。

「いや、そうではない。それはいずれは自動車にまでいき着くじゃろうが、日本ではまだそこまではいかん。同じ内燃機関だが、漁船や運搬船用のエンジンだよ。そのエンジンが焚く、動力用の油を扱ってみたい」

「しかし、その油なら灯油かガソリンじゃないですか？　それなら、うちの扱い品じゃないですよ」

『うち』は、機械油の特約店であった。

「いや、それには僕に知恵がある。暫《しばら》く待ってくれ」

それから出光は、きょう一日がかりで調べ上げてきた情報を話した。——漁船や輸送船に『内燃機関』を積むことは、明治三十八年の静岡県の水産試験船『富士丸』を皮切りに、明治末年ごろには急速に進んでいた。

それには自動車のエンジンが複雑で、その製作には完備した工場と円熟した技術が必要で、まだ日本の技術水準では「無理だ」といわれるのに対して、船舶用のエンジンは——特にこのころはやっている『焼玉エンジン』というのは至極簡単で、多少の技術こそ要ったが、町工場に毛の生えた程度の工場ででも、簡単に作れる。

だから、漁船や輸送船に『焼玉エンジン』を据付けて機械化することは、全国的に、急速に普及しているのだ。この関門港でだって、今やそんな機械化船は少しも珍しくはない。

「あれだ、あれでいくのだ！」

出光佐三は、その機械化船の『燃料油』に着目したのだった。

金は儲けなかったが、事業は理想的に伸びた。

下関に於ける機械船漁業ができ始めました。新事業であるため、出光商会は此の消費者を直ちに独占したのであります。総《いわ》ゆる研究努力を続け、其の使用燃料油の改善は、漁業を革命的に発達せしめました。第一次欧州戦争の進行と共に、燃料油の欠乏は漁業家をして休業の止むなきに立至らしめました。出光商会は率先これが燃料油の準備に万全を期し、自己の漁業家をして一日も休業せしむる事なく、燃料に対し完全に責務を果し、これまた非常の賞讃を博しました。また一般に暴利を貪りしに拘らず、出光商会は薄利に甘んじて信用を博しました。戦後不況となりしに拘らず、顧客は激増しました。金は儲けなかったが、事業は理想的に伸びた。商人としての責務を完全に果し、社会の一機関たるの自覚を得たのであります。（『我が六十年間』第一巻より）

出光の着想が『先駆者的』といえたのは、その燃料油の『質』に注目したことであった。

「焼玉エンジンには、燃料としては上質の灯油かガソリンしか使えない。下等油では、エンジンが腐ってしまう」

石油屋がいい出したのか機械屋がいい出したのか、そんな具合に教えられて、誰もが盲信していた。

「そんな馬鹿なッ!」

と、出光は反発した。冷静に実験をくり返してみねば、判らないではないか!

それが、出光の着想であった。

＊

出光は、その着想を持って、翌日、下関の漁業会社『山神組』の事務所に乗り込んだ。門司港の桟橋から、国鉄の連絡船とは別の私営の『唐戸桟橋行き』連絡船に乗って、海上は同様三十分ほどであった。国鉄桟橋よりはやや北の、西日本最大といわれる魚市場のある唐戸桟橋に着く。

山神組の事務所は、唐戸桟橋と下関駅の中間あたりの岬之町《はなのちょう》にあった。岬之町界隈が下関の商工業の中心地で、山神組に限らず、漁業会社の本社などが集まっていた。谷川のいる、日本石油の下関支店もここにある。

山神組は、二階建てのしもた屋であった。案内を乞うと、猿又一枚の若い衆が出てきて、上がれといった。

とんとんとんと二階に上がると、暑いので二間か三間ぶち抜いて通し部屋にした座敷に、半裸の若い衆がごろごろしていた。

「白石のおっちゃん、お客さんぞね」

案内してくれた若い衆が無造作に呼びかけると、その中の一人がむくむくと起き上がった。

「おう、出光君か。どうかしたのかね」

白石と呼ばれた男は、大きく伸びをして、あくびした。まだ三十歳そこそこの若さのようであった。

「いや、これはお休みのところを……。暑いのでさっさと申し上げますが、実は、あなたの会社に、軽油を買ってもらいたいと思いましてね」

「軽油――？　何にするのぞね？」

白石は、眉を寄せた。

「うちはお宅からは、機械油はすべて買ってるよ。そのほか、少量だが灯油だって……。軽油なんて……うちは拭かんならん機械なんて、いくらもないよ」

「いや、清掃用の軽油じゃないんです。エンジンの燃料としての軽油です」

「燃料――？　君、本気かね。焼玉エンジンには、ガソリンか灯油しか使えん。下等油ではエンジンが傷《いた》むと――君はむろん知ってるだろ？」

「誰が決めたんですか、そんなこと？」

「誰がって？　君、常識じゃないか」

「だから、誰がそんなことを、常識だと決めたかというんですよ。そんならあんたは、試してみましたか？」

「試して……？　面白いなァ」

白石は、好奇心丸出しの笑顔になって坐り直した。

「いや、むろん試してなんか、いない。人のいうままに、信じ込んでたというところだ」

「じゃァ、駄目じゃないですか。いいですか、焼玉エンジンの燃料代だって、鮮魚の原価計算の上では、馬鹿にならんですよ。いいですか、あなた方漁業家というのは、だいたいおおまか過ぎますよ。やれきょうは十万円儲けた、きのうは二十万円損したなんて……大金の損得を馬鹿みたいに話し合ってる。運賃における燃料代なんて、てんから問題にしていないが、それはとんでもない間違いですよ」
とんとんと足音がして、下から誰か上がって来た。見ると、同じ山神組の若い国《くに》
司《し》浩助であった。
「何を、がたがたもめてるんですか？」
笑って二人に話しかけた。
「いや、出光君にね、鮮魚の運搬費における燃料費の原価計算ちゅう、むつかしい
問題でね、いじめられてるんだよ」
「で、どうしろというんですか？」
相変わらずにやにや笑いながら、二人の顔をかわるがわる眺めて、国司はいっ
た。
「いや、軽油を焚け、というんだよ。何もガソリンの、灯油のと、上質油にこだわ
る必要はない――」
「それなら、僕も思っていましたよ」
と、国司は真面目な顔になって、二人の間に坐り込んだ。
「下級油で、エンジンが駄目になるなんてのは、俗説に決まってますよ。だけど、
下級油で所定の馬力が得られるかどうか」

「テストしてみましょうよ」

と、出光が口を出した。

「テストもしないで、議論したって始まりませんよ。軽油でエンジンが傷むか傷まないか。灯油やガソリンと同じスピードが保てるか保てないか――」

「やってみるか」

と、白石が、結論的にいった。二人とも、若いが山神組の重役である。そして二人とも、水産講習所の出身で、白石が先輩、国司はかなり後輩であった。のちの東京水産大学（現・東京海洋大学）である。

軽油の需要が急増

実験は、すぐに始められた。

一隻の運搬船で、船長と機関長の諒解のもとに、上質の『軽油』を焚いた。

成績は灯油の場合と、少しも変わらなかった。

中質の軽油を焚いても、同じだった。下級の軽油を焚き、未洗軽油を焚いてみても、臭いのがいやなだけで、同じであった。

「こいつはただ同然の値段だから、ついでに……」

といって、日石の倉庫の隅に眠っていた『ケイシセン』と呼ばれる油を引っぱり出してきて焚いた。すると、機関長が血相を変えて、白石のところへ飛んで来た。

「白石さん、あんなテストやめてくれるんでなかったら、俺は船を降りるぞ！」

「降りるって？　なぜだ？」

「臭いの臭くないのって、あの『ケイシセン』たらいう奴は、鼻も口も、もげてしまうよ！　船員がみんな、下船するといい出した。仕方ないから、俺も降りるんだ！」

「なに、臭い？　臭いぐらいが何だ！」

白石は怒鳴った。

「お前たちは四六時中、機関室にいるわけやないやないか。エンジンがかかったら、甲板に出て、ぐうたらぐうたら昼寝しとるやないか。それが、臭いやなんて、きいた風な口きくな！　降りたければ、さっさと降りろ。誰も無理に乗っとってくれとは頼まん！」

それでしゅんとなって、機関長は引っ込んだ。

佐三は日石の支店へ行って、軽油を大量に出してもらうことにした。

軽油の需要は急増した。

艀《はしけ》に積んで、運搬船なり漁船なりに届けるのである。初めは佐三自ら艀に乗ったが、間もなくそれはやめて、陸にいて全体を指揮した。艀に乗るのは、井上と泰亮の仕事になった。

「軽油でいってよ」

「安く上がるぞ！」

噂は伝わって、山神組以外の船も出光へ買いに来た。そんなにして間もなく出光は、関門海峡の機械船全部の需要を、独占してしまうかの勢いを示した。

ある日、出光は、日石支店に呼ばれた。行ってみると、出荷主任が待ち受けていた。

「出光君、少しは慎んでもらわんと、困るじゃないか！」

「何のことですか？」

「君が下関の船にまで、やたら軽油を入れるというて、下関の特約店から文句が続いているんだ。もともと君には、燃料油の権利はないんだし、少しは慎んでもらわんと……」

「何をいうんですか！」

と、出光は開き直った。

「僕がいつ、下関の市場を荒らしましたか？　下関で売りましたか？　僕は、海上で売ることを厳守しています。海に、ここからは門司、ここからは下関なんて、標識でも立ってるんですか」

出荷主任は黙った。この理屈に対して黙ったのではなくて、上から——谷川か誰かから、注意があったのかもしれなかった。

それまでは倉庫の『場ふさぎ』だった軽油を、日の当たる場所に引き出したのは、出光の功績である。その功績に対して、多少のエリアのはみ出しくらいは大目に見てやれと……上の方から声がかかったのかもしれなかった。

出光は、下関に出張所を設けた。門司の倉庫は拡張し、市内電車の終点に近い甲《こう》宗八幡宮《そうはちまんぐう》の下の船だまりにも、倉庫を新設した。

事務所も移転した。同じ電車通りだが、これまでは道路の山側の東本町一丁目で、部屋借りだったのを、筋向かいの、同二丁目の海側の独立家屋に移った。幾分は手広くなったわけであった。

仕事が安定してくるにつれて、両親を引き取って近所に住まわせた。妹のタマと弟の泰亮は初めから同居していたが、その他の兄の雄平、姉のキクをはじめ、弟の佳月、弘、計助らも、あるいは引き取られ、あるいは店に出入りして——兄妹みんながが佐三の事業に何がしか参画するようになった。

倉庫には、太っちょの和田勘市とチビの生野猪六とが、常雇《じようやと》いの仲仕頭《なかしがしら》として詰めていた。下関の日石倉庫から船で運んで来た樽を、ここでブリキ缶に詰め替えるのである。その缶には、三角形の中に『ＳＩ』と、出光のマークが打たれていた。

給油船をつくる

以下はかなり後日の話だが、くり上げて記すと――ある日、弟の弘が、一枚の図面を持って佐三のところへ来た。

「兄さん、海上給油は、油さえ供給すればいいんでしょう？　缶なんか要らないんでしょう？」

「それはそうだ」

「じゃあ、船にこんな具合の給油塔を立てて、定量を漁船に流し込むことにしてはどうでしょうか？」

それは、給油船の図であった。弘は細工ごとが好きである。東筑中学（旧制）を出て、友人とブラジルに移民していたが、兄の仕事を助けたくて帰ってきたものであった。定規とコンパスさえ持たせておけば、一日中機嫌がいいといわれていた。

「なるほど――」

佐三は、感心した。給油船に、一石《こく》（約百八十リットル）ほど石油のはいる塔を立てる。だいたいドラム缶一本分である。塔からは筒っぽの手が出ていて、それを通って石油が流れ出るわけだが、途中がガラス管になっていて、目盛りがしてあるので、いくら流れ出たかは瞭然である。

「なるほど、これはいい。いくら船が揺れても平気だなあ。さっそくつくってみろ」

佐三の指令で、弘は下関の中村造船所と松岡ブリキ店に注文して、給油船をつくり上げた。どんな波にも嵐にも平気で、頗《すこぶ》る好調であった。

ところが、門司市役所からクレームがついた。度量衡法違反だから、使用を禁じるというのであった。弘は憤慨したが、うまく話をつけて市の係役人をその船に誘い出した。

「ここで、一つ計ってみて下さい」

水を入れた桶に枡《ます》を添えてさし出した。その日は風があって、海は波立ち、船は揺れていた。どんなにしてみても、枡では水は計れなかった。

「今度は、こちらで」

作りつけの給油塔を使わせると、何升何合汲み取ろうと、注文通り自由自在であった。

「なるほど、これは理屈だ」

係役人はぶつぶついっていたが、帰るとそれからは、使えとも使うなとも、いってこなくなった。つまり、黙認であった。

こんなにして、佐三は海を制した。

博多港にも支店を出して、北九州一円の機械船はすべて、佐三の縄張り内のものになってしまった。

石油不足をのりきる

折から世界大戦が、すでに始まっていた。

「油は買い溜めしといてくださいよ。輸入が来なくなりますから」

佐三は見通して、山神組やその他のお得意の漁業会社に、灯油、軽油を買い溜めさせた。自分も日石の品に限らず、当時は日石と並んで二大国産石油会社であった宝田《ほうでん》の品物でも、その他の中小会社のものでも、また外国品をブローカーが持ってくるのでも、選り好みせずに買い漁《あさ》った。

佐三の見通しは当たった。当時は日本の国産石油の最大出油の時代で、大正四年の出油量四十七万一千四百三十六キロリットルというのがそれであったが、それ以上の増産は、戦争によって試掘用の大口径パイプの輸入が止まって、できなかった。また、外国油の輸入も、急激に先細りであった。すなわち、油の払底に、工業家はみな泣きの涙だったのである。

お蔭で、戦局が進むにつれて、漁業では第一位を誇り、山神組の競争相手で出光からの石油は入れていない林兼《はやしかね》までが、石油の払底で停船することがあったのに、山神組にはそんな非常事態は起こらなかった。

白石は、心から感謝した。そのうえ月末になって請求書が届くと、それが普通の値段であるのに二度びっくりした。

「こんなに安くていいのかね。うちは、間に合わしてさえくれれば、多少の高いのは覚悟しているのだよ」

「いいえ、そんな非良心的なことはしませんよ。需要家に対して供給の万全を期するのも、商人の責任の一つですからね」

佐三は頑として、内池教授の需要供給論を守るのであった。

けれども、よいことと悪いこととは背中合わせである。やや後日の話になるが、白石が不幸にも若死にした。それとは話は別なわけだが、油が手に入らなくて困り抜いた林兼――大洋漁業は、さすが最大手の実力に物をいわせて、自分で石油を扱い始めた。すなわち『石油部』を設けて、自分も石油業者の一人として乗り出してきたのである。話は広がって、山神組も、傍系会社に石油を扱わせ始めた。

自然、出光からは別れていくわけで、佐三は親しかった白石が急逝したことを、いっそう残念に思った。

三章 進出

出光の歴史は、敵をして
味方たらしめる努力と熱意である

出光の歴史は、敵をして味方たらしめる努力と熱意である。

出光の過去の歴史は大部分この「敵をして味方たらしむる」の歴史である。満州においてしかり、北支大使館しかり、南方しかり、しかして終戦後はじめて国際的にこれを実現した。（中略）

われわれは主義に妥協なしとの建前より、主義主張をまげざるため、多くの敵をつくった。ゆえにわれわれは、白紙の第三者をして出光を了解せしめる程度の生ぬるいことではだめである。熱誠、もって当の敵をして、ついに味方たらしめねばならぬ。すなわち堂々たる主張をもって、努力と熱意とをもって相手を溶かさねばならぬ。（『我が六十年間』第一巻より）

＊

下関の海上油販売が軌道に乗ったので、出光は一方では、大正三年の初冬から『満州』に進出した。現在の中国の東北三省である。

内地は、働き心地が悪かった。

石油業界も、そうであった。

内地の市場には『テリトリー』の主張が、ついて回った。古い、実績のある店ほど、広い、豊かなテリトリーを持っていて、新参の出光などにはなかった。出光は、公然とは灯油も売れなかった。

苦肉の策として海に進出し、

「海に領域なんてあるか⁉　ここまでが下関で、ここからが門司《もじ》、ここからが博多だなんて、そんな線が引いてあるとでもいうのか！」

理屈にならぬ理屈を強弁して、強引に燃料油を売った。もっともそれには、出光がそれまではエンジンには用いられないとされていた『軽油』を用いて成功し、倉庫の隅っこにちぢこまっていた軽油を、日の当たる場所に引き出したという功績があり、そのことへの論功行賞としての黙認でもあったろうけれど。

が、それにしても内地は窮屈で、働き心地が悪かった。

これに比べて日露戦争の結果、やっと権益を得た満州は自由闊達で、つまらぬ『縄張り』などは、なさそうに思われた。

それで大正二年に市場調査をし、三年初冬から、機械油を持って小規模に進出してみたのであった。

それにも多少の『いわく』はあった。

下関の日本石油の倉庫に、青い色をした、非常に綺麗な『車軸油』が眠っていた。

出光は、かねてその車軸油に目をつけていた。満州進出を計画するに当たって、

「あの車軸油を活用してやろう」

と考えたのであった。

世界の超大会社である満鉄（南満州鉄道株式会社）を相手に、石油全体で勝負するわけにはいかない。得意の潤滑油で乗り込むべきは当然のことであった。

ある日、倉庫に行って出光は、例の出庫主任に切り出した。

「あの車軸油を、僕に安く引き渡してくれませんか」

「それは望むところだよ。あの油は、売れなくて困っているんだ。買ってくれれば有難いが……しかしこれまでも何回か、捌《さば》いてくれと頼んだのに、断わられ通しだった。それが今ごろ、どうして急に買う気になったんだい？」

出庫主任がいぶかるのも、無理はなかった。

「それは……僕は満州進出を計画してましてねえ。あれを、満鉄に売り込んでやろうと考えているんです。その代わり……思いきり安くしてもらわないと、話にならないのですが……」

「君は……、馬鹿じゃないのかね」

と、出庫主任はいった。「馬鹿じゃないのか」は、この男の悪い口ぐせのようであった。

「いいかね、高い関税を払って入ってきても、外油の機械油は品質がいいので、日本でも引っ張り凧だぜ。それが満州へは、……大連《だいれん》では関税なしで入るんだ。そこへ日本から、品質の落ちるのを高い運賃をかけて運んで行って、どうして競争になるんだね？　馬鹿も休み休みにいって欲しいもんだ」

「だから、思いきり元値を安くしてくれ、といっているでしょう。元値さえ安ければ、僕が競争にならせてお目にかけますよ」

「安くたって……程度があるよ。外油が無税で入るのと、競争できるほど安くせよとは、無理な相談だよ」

出庫出任は、手を振った。

「人を馬鹿者呼ばわりするけれど、あんたこそ馬鹿じゃないのかね！」

出光は、いった。親会社子会社のけじめのきびしかったこの時代に、親会社の主任を馬鹿ときめつけるのは、よほど勇気の要《い》ることであった。

「なに、俺を馬鹿だと！」

出庫主任は、果たして気色ばんだ。

「ああ、そうだ。君こそ馬鹿だよ。多少は安くっても、売って片付けるのと、いつまでも倉庫に眠らせておいて、場ふさぎさせるのとどちらが賢明かね。考えるまでもなく、それが判らんようでは馬鹿だよ！」

その日は喧嘩別れになったが、出光はあきらめなかった。くり返し交渉すると、その男も次第に自分の非が判ってきたようで、結局は出光の言い値で商談は成立した。

その青い車軸油をベースに、出光は工夫して、いろんな潤滑油をつくった。その見本の油を持って、出光は満鉄に乗り込んだのであった。

満鉄にて孤軍奮闘

満鉄にも、神戸高商を出た学友はいたので、その紹介を得て用度課へ顔を出した。

けれども、内地に『縄張り』があったように、満州にもあって、思ったように自由闊達ではなかった。それに、出光自身が駆け出しの『ぺえぺえ実業家』であるのと同じく、友人もまた、満鉄の駆け出し社員であった。その顔は、何ほどの役にも立たなかった。

「石油はスタンダードが入っているから、事足りているよ。潤滑油だってヴァキュームその他が入っているから……」

持っていった見本油なんか、ろくに見てももらえなかった。

出光は一計を案じて、学友に頼んで車軸の技術者に紹介してもらった。

自宅訪問してその技術者と親しくなり、そこから今度は、撫順《ぶじゅん》の車庫主任に紹介してもらった。

訪ねていくと、何しろ日本人の訪問客なんて全く珍しいので、歓待してくれた。持っていった油も見てくれる。

「何とか、これを、用度課に持ち込んで分析試験していただきたいんですがね」

「よし、俺が頼んでやろう」

快く引き受けて、用度課へテストに持ち込んでくれた。用度課にしても、現場の責任者から持ち込んできたものを無下には断わり難い。試験に回してくれた。

「君のこの油はね、満鉄の基準規格に照らし合わせると、比重が重く、引火点が低い。これでは満鉄としては、『ノー』だね」

「でも、満鉄の基準といったって、それは外油を標準に定めた規格でしょう？　外油には外油の特長があり、日本の油にも日本の特長があるわけで、一概に外油標準の満鉄規格外だからといって、駄目だと決めつけてもらっては、困ります。果たして実用には適するのか、適さないのか。一つ実地試験をしてみてくれませんか。それで駄目なら、諦めますから……」

「仕方のない奴だなァ」

まず沙河口《しゃか》の工場で機械テストなどをやり、その結果がよかったので、撫順と奉天《ほうてん》（瀋陽）の間を往復運転し、実地テストすることになった。

そのテスト主任は、例の出光を方々に紹介してくれた撫順の車庫主任であった。主任は出光にウィンクしておいて、試験列車に乗り込んでいった。

その主任とは、出光は幾度も語り合っていた。――尊い何万の血を流して手に入れた満州だったのに、そこに入っている油は、外油ばかりである。日本の石油会社などは、寄り付きもできていない。口惜しくないのか？　いや、俺も口惜しい。俺に何とかなることなら、どんなにしてでも日本の石油会社を入れてやりたい。――主任は、そういっていた。

所定の時間が経って、雪の曠野《こうや》を往復して、試験列車は帰ってきた。

「いや、これはいい。上等ですよ。外油に比べて、少しも劣りませんよ！」

主任が弾んだ声で報告するのを、出光は微笑して聞いていた。

（俺の熱意が、こうして応えられたのだ！）

出光の目からは、危うく涙がこぼれそうであった。

「安すぎる」とクレーム

出光は、満鉄用度課から最初の注文を得た。それはいわば、『雀の涙』ほどの僅《わず》かな量であったけれど。

「スタンダードは、一石（約百八十リットル）三十六円で納めているんだが……君の方は幾らにしてほしい？」

用度課から聞かれて、出光は、

「はい。十八円で結構です」

と答えた。

「なに、十八円？　それで本当にいいのかね？」

用度課としては、本音は三十円とか、二十八円とかいって欲しかったのである。十八円といわれては、あまりに安すぎる。これまでの納入価格とは、あまりに差がありすぎる。ということは、これまであまりにも『高値買い』していたと思われかねないからであった。

「はい、本当に十八円で結構です。それで十分、利益があります。私の方は、決して出血サービスではありませんから」

この納入価格は、大げさにいうと全満鉄社内にセンセーションを巻き起こした。

それには賛否二つの意見があった。

「出光という男は、偉い奴だ。半額と打ち出すとはなあ。これは将来、必ず使いものになる男だぞ」

そういった肯定派がある一面で、

「いや、あいつは商人として失格だ。そんなことをすれば、用度課をしてこれまで高値買いしていたと非難を受けさせる。それでは用度課が困るだろうとの、配慮がされねばならん。それを欠くとは、商人失格だ」

そういった否定派もあった。

が、ともかく、出光佐三という石油商人がいると、満鉄社内に強い印象を残したことは確かであった。

私は真剣勝負だ。しくじりをやれば命をとられ、店はつぶれる。

私がよくいってきかせたことがある。君らの仕事と私の仕事を、剣道の試合にたとえてみれば、若い店員は袋竹刀の勝負だ。いくら叩かれたって、ああ叩かれた、くらいで済む。その次の連中は木剣の試合くらいで、支店長あたりでも、木剣で叩かれれば、血は出るけれども、命までもとられるようなことはない。

しかし私は真剣勝負だ。しくじりをやれば命をとられ、店はつぶれる。それだからいつも真剣を抜いてやっておる私と、仕事の立場上真剣の抜けない支店長、支配人あたりが会得するものとの間に、どうしても越すことのできない壁がある。これはいかんともいたしかたがない。私以外には味わえないんだから、それはさよう心得ていよといって、よく教育したものだ。（昭和三十八年八月『一人の世界』と『物の世界』より）

＊

この間、内地にも書くべきことがないわけではないが、書き始めたついでに、いま暫《しばら》く満州のことに筆を費やしたい。

こうして満鉄への出入りに成功した出光は、大正五年の四月に大連に支店を設けた。

長兄の雄平を、初代支店長とした。

雄平は豪酒家であり、豪気な男だったという。十年余り以前に、父の藤六が藍玉商売で行き詰まっていたころに、雄平は率先して化学染料を扱い始めた。それが父の気に入らず、といって雄平にも妥協の気持ちはなくて、それまでの父との共同経営を捨てて、家を出た。日露戦争の前のころで、雄平は乾燥野菜をつくって軍に納めたりしていた。

そのうちに召集となって、小倉の北方《きたがた》の第十二師団に入営した。輜重《しちよう》輸卒として、奉天から吉林《きつりん》までの間を、馬で爆薬や食料を運ぶ仕事の指揮をした。一年ほどで召集解除となって復員したが、こうして雄平は、出光商会に入る以前から、満州にはかなりの馴染みがあったわけである。

赴任に際して佐三は、

「兄貴、あんまり飲みすぎしゃったら、いかんばい」

という言葉を、笑いのうちに餞《はなむけ》としたというが、雄平も一言、

「うん」

と だけ答えて、笑いのうちにその言葉を呑み込んでいる。

が、着任すると、盛大に飲んだ。雄平の飲みっぷりというのは、一人でちびちびやるのでなく、部下や仲間を大勢引きつれて、豪勢に飲むのである。

満州のような索漠とした植民地では、酒なしでは一日も過ごせぬ。雄平が飲んだ仲間というのは、多分は満鉄や軍の連中だったのだろう。飲むことが、すなわち『外交』であった。雄平は豪快に任務を果たしたわけで、飲んだに正比例して、売上げを伸ばした。

支店は『監部通り』という電車通りにあり、満鉄に行くのに便利だったばかりでなく、郵便局や朝鮮銀行の支店にも近かった。

二階建てで、階下が洋間の事務室のほかに、六畳と三畳の畳敷きの二部屋があった。二階は二部屋で、佐三も満州に来るたびにここに泊まっていたが、よい方の部屋を兄の支店長住居とし、自分は粗末な方の部屋にいた。

社員はほかに小川と高野という日本人二人がおり、ほかに日本語のうまい中国人も一人いた。門司の太っちょ仲仕頭《なかしがしら》の和田勘市も来ていた。そのほか賄《まかな》いの女中が一人いた。

業務は石油については、機械油のみならず各種品目の売り込みに努力したほか、セメント、火山灰、各種機械工具なども扱った。満鉄向けの納入だけでなく、一般市販も行なって、漸次南満一帯に商圏を広げていった。

酷寒に耐える潤滑油を

大正五年の秋、出光は大連に来ていて、満鉄に一つの忠告をした。それは、満鉄で使っている外油の潤滑油は一品目で、しかも温帯や熱帯で使っているのと同じものである。満州の酷寒に、果たしてそれでよいのか、という献言であった。

その憂いは「ある」と、満鉄でも考えていた。それで、出光が適当と思う油を、ともかく持ってきてみろ、ということになった。

出光は、さっそく調合して、届けた。

テストしてみると、成績がよかったので、満鉄では使う気になった。

「試験的に使ってみるから、見本として、とりあえず三百箱納めてくれないか」

といってきたので、出光は張り切って、三百箱分を調合して、納入した。

ところがそれっきり、ナシのツブテであった。使ったとも使わないとも、「見積書を入れろ」ともいってこない。声がないままに、二年が経った。

大正七年の秋に満州に来た出光は、怒って満鉄に怒鳴り込んだ。

「見本を出させただけで、二年も音沙汰がないとは何事だ。見積書を出させて、高いから買わぬというのなら、話は判る。それなら、我々は引き下がる。ところが見積書を出せともいわない。こんな満鉄の態度は不愉快千万だ！」

それを、用度課の机に行儀悪く腰かけて、腕を振り上げて出光は大声で怒鳴っていた。

ところが、そこの窓の隣が、用度課長の机であった。もろに聞こえたから、課長は怒った。

「出光を呼べ！」

入っていくと、

「お前は、生意気だぞ。暴言を取り消せ！」

怒鳴りつけた。出光は平気で、

「暴言も何も……それではあんたは何事ですか。我々に苦心して作らせて見本を取っておいて、その一方で、外国会社に二年分もの注文をするとは……信義に反しませんか⁉　しかもあんな腐ったようなボロ油を二年も使っていたら、車が焼けてしまって大変ですよ！」

出光は、出光が見本油三百箱を納めた時点で、用度課長が、ヴァキュームの油を二年分ほども注文したのを、知っていたのであった。

「なに、車が焼ける？　焼けなかったらどうするか⁉」

「いや、きっと焼けます」

「焼けなかったら？」

「どんな罰でも受けますよ」

「きっとだな！　よし、それでは焼けなかったら、お前の満鉄出入りを差し止めるが、それでもいいか？」

「いいですとも。差し止めて下さいよ」

騎虎《きこ》の勢いであった。出光は、勢いよく断言してしまった。

だがそれは、大変なことであった。出光は、出入りを始めて二、三年後には、出光は急成長して、満鉄納入業者のうちで、スタンダード、三井に次いで第三位だったといわれる。それはそれで驚くべきことだが……その成果を棒に振っても構わぬとは、これも驚くべき『意地』の張りようであった。

心配した例の学友が、謝ってこい、その発言は取り消してこいと、なだめすかしたが、出光は取り合おうともしなかった。

認められたテスト油

それから三、四カ月経って、大正七年の十二月の末のことであった。出光が門司の本店で、正月準備のことなどしていると、電報が来た。差出人は満鉄用度課で、電文は、

「厳寒の候を迎えて、車輛燃焼事故が続出して困っている」

そして、

「ミホンユ（見本油）ジサン、オイデコウ」

とあった。「来い」ではなく、「オイデコウ」とあるところに、困窮している満鉄の姿が見られた。

「果たして――」

と考えて、出光の電報を持つ手は、さすがに震えた。どんな因縁なり情実なりがあったのか、ヴァキュームの、出光の判断によると『廃油同然』の潤滑油を二年分も買い入れて、それを使い始めたと覚《おぼ》しきころから、満鉄の車輛燃焼事故は起こり始めているのである。情実買いの『罰』というべきであった。

が、そのことへの怨《うら》みは、私怨に属する。満鉄にはいま、ロシアに起こった、世

界大戦直後の革命に対応するために、日本がしている『シベリア出兵』の輸送協力の責務があり、また最出荷期にある満州大豆の輸送の責任もあった。

列車燃焼事故は、前年の冬から多発しており、大正七年から八年にかけてのこの冬は、最多発が予想されていた（現実に、大正八年の一月には、一カ月間の燃焼事故が一万二百七十二件の多数を数える）。

出光は、「満鉄を救おう」と決意した。日石本社と連絡を取って、国産油を使って不凍潤滑油を調製した。それを持って、下関支店の笹岡店長、秋田製油所の後藤泰次技師と同道して、八年一月末に渡満した。

満鉄では、一行を待ちかねてすぐ会議を開いた。事故を起こした列車では、寒さのために、車輛の下のボックスに納めてある、油をひたしたウールの油分が凝結して、これが飛び出してしまい、油気がなくなって発火しているのであった。

「ウールが飛び出さんようにしなければならん。そのためには、ボックス・カバーをもっときつく締めて……」

ヴァキュームやスタンダードの技師たちは、そうした処置を力説した。これに対して、出光は反論した。

「そんなことでは駄目だ。問題は、車軸油自身にある。車軸油そのものを、改良しなければならない」

　そこで実験することになった。ヴァキュームの油と、スタンダードの油と、出光が納入している普通の冬候油と、同じく出光が今度持ってきた新・冬候油の四つの油を、それぞれ試験コップに入れて、深夜気温が零下二十度に下がるのを待って、長春の大和ホテルの庭に出して、一定時間を経過させようというものであった。

　出光は、毛皮に着ぶくれて参加した。結果は、二つの外油は粘度を失って固体化しようとしたが、出光の二つは、流動性を失わなかった。

「こんなことでは駄目だ。実地に列車を走らせてみねば、何ともいえない」

　なおも外油側がいい張るので、翌日は実際に列車を走らせて、試験することになった。酷寒の夜半、長春から南西へ六十キロの公主嶺《こうしゅれい》との間の往復運転であった。各社の油が、それぞれ所定の車輛の下のボックスに注がれた。

　出発は、午前三時であった。

　零下二十度を下回る酷寒であった。

　試験列車が帰ってきたのは、夜が明け放れようとする時刻であった。出光たち一行は、満鉄の運転課長の貝瀬謹吾や、設計課長の武村清などと共に、別室で仮眠して待っていたが、「帰った」というのでいっしょに出ていった。外油の連中も来ていた。

結果は、次のようであった。

ヴァキュームのは、ボックスが空っぽであった。ボックスの中のウールが、蓋《ふた》を押しあけて、みんな飛び出してしまったのである。

スタンダードのは、ウールが半分はみ出して、まさにこぼれ落ちようとする寸前であった。

出光の普通冬候油のは、ボックスの中でウールが少し動いていた。新しい見本油のは、ボックスの中にきちんと納まって、少しも動いていなかった。

これで、結着がついたはずだが、まだ『結論』とはいかなかった。「出光の新しい油は、実用例がないじゃないか」という、外油側の異議であった。

ところがそれは、意外なところからほぐれた。

牧野工兵少佐というのが、東清鉄道の管理をしていた。ところがここでは、車輛の焼損事故などは一件も起こっていなかった。

不思議なので調べてみると、「満鉄からもらった潤滑油を使っている」という。いっそう不思議なので、もっとたずねてみると、長春の車庫からもらったもので、それはかつて出光が納めた三百箱の見本油そのものであった。殆《ほとん》ど使われずに長春の車庫に積まれていて、牧野少佐はその何がしかをもらったものと判った。

「なあんだ。もとはといえば、出光の冬候油じゃないか――」

それで、『使用の実例』というのも十分なわけであった。出光の新しい潤滑油はこうして満鉄に採用され、『二号冬候車軸油』と称されて、殆ど独占的に使用された。後に昭和十五年になって、『満二号潤滑油』と改称される。

ついでながら述べると、出光が調製した新潤滑油のベースオイルは、秋田県の道川、豊川両油田の産油で、共にナフテン系の油であった。石油にはナフテン系とパラフィン系の二種類があり、一般的にいって、ナフテン系の油は凍り難く、これに対してアメリカ産油の殆どであるパラフィン系は、潤滑油として良質ではあるが、凍り易《やす》い。

出光が、こんな理屈を知っていたのかどうかは不明だが、何にしても日本産のナフテン系の油さえ使えば、殆ど不凍油に成功したわけで、幸運だったともいえるだろう。

こうして『二号冬候車軸油』が採用されたのを契機に、出光の満鉄との結び付きは、いっそう強固さを増した。

朝鮮進出を阻止される

念願の満州進出に成功した出光は、続いて華北、朝鮮、台湾への進出を試みた。華北では、満州に入ってから一、二年後に、青島《チンタオ》、天津に進出した。満鉄工作と同じく、山東鉄道に中候油を納めたのが取っ付きで、石油はもとより日本の諸雑貨を入れた。

朝鮮は、日本の領土となってからも、石油市場は長くアメリカ、イギリスに独占されていた。主としてスタンダード社が灯油を扱い、ライジングサン社がガソリンを扱って、両社は協力して日本業者を寄せつけなかった。

朝鮮の石油は、高かった。日韓合併のときに、石油などの関税は十年間据置きとする、つまり、無税または無税同様の状態を続けるとの宣言があり、期限である大正九年になると、朝鮮の民度はなお低いので、なお当分無税（または無税同然）を継続するとの宣言があった。

無税なのに、なぜ高いのかというと、無税だから本来は原価は安いのだが、その安い石油をあやつって、米英業者が暴利を得ていたのである。地方地方で朝鮮の金持ち階級を糾合して、石油組合を作らせ、これに独占して石油を扱わせる。その組合には高い『戻し』を与えて、統制を崩させぬようにしていた。だから価格操作は組合の――つまり背後の米英資本の思うがままであった。

日本の石油商は、その仲間へは入れないので、距離の近い関門地方の業者などが、朝鮮の船具店とか雑貨商とかと僅《わず》かな取引をするばかりであった。

こんな状態に憤慨した出光は、朝鮮進出を図るとともに、まず朝鮮鉄道局に食い込んで、その使用潤滑油を満鉄納入の中候、冬候車軸油と同じものに改めさせた。続いて北鮮の製材所、南鮮の精米所、および各地の機械船を重点に、精力的に軽油、灯油を販売した。そして、日本の業者が、外油と同じ土俵に立って勝負できるようにと、関税法の改正に尽力した。つまり、外油に日本と同じ関税を課するのである。それでは一見、石油の値段が高くなるように思われるけれど、事実がそうでないのは、すでに説いた通りである。石油界は日本内地と同じ『競争の舞台』となり、過度に高かった朝鮮の石油は、内地と同じ水準まで値下がりするのである。

それにはひどく『時間』がかかった。議案をかけようとした議会が解散になったりして遅れたが、ついに昭和四年に、特別関税制度を撤廃させるに至る。

こうして出光は、日本の『石油』が朝鮮に進出できる道を開き、朝鮮のためにも、また日本の石油界のためにも大いに貢献したが、その褒賞として自分の得たものは、マイナスに近い『ゼロ』だったといえよう。

関税法が改正され、日本の業者が米英業者と正当に競争できるようになって、出光が強力に朝鮮に進出し始めると、翌五年、親会社である日本石油から、「待った」がかかった。

「俺の方が直接京城その他に支店を出す。お前の方は、引っ込め！」

そういって、朝鮮鉄道局へ納入の車軸油を例外として認められたほかは、全鮮十三道にわたって殆ど網羅していた販売網が取り上げられ、わずか三道を残すのみという哀れな状態に追いつめられた。

台湾へは、大正十一年に進出した。朝鮮のような面倒なことはなく、台北に支店を開設して、基隆港の漁船などに燃料油を売った。

けれどもここでも、昭和四年に日石が台北に販売店を設立するに及んで、出光は圧迫され、さのみの活躍ができないように封じ込められた。

四章

養成

資本よりも組織よりも、
人間である

資本よりも組織よりも、人間である。

私共が石油業を始めましたのは、いまから四十六年前、北九州の門司《もじ》で始めたのでありますが、そのときはささやかな店で、ただ油の販売をやっていたのであります。

いつとはなしに、仕事も人間が本位である。資本よりも人間である、組織よりも人間である、規則、法律というものも人間によって生きる。もし人間が悪い場合は、いろいろな間違いが起こってくるということに気付きまして、私共は自分を修養し、その修養した人が一致団結して、人間の真の力を出すいわゆる「人間尊重」というような言葉を使って、今日まできているのであります。（昭和三十二年五月『徳山製油所竣工式あいさつ』より）

＊

話を、内地に戻す。

大正十一年の九月に、門司の出光本社は、社屋を二十三銀行門司支店のビルの二階に移転した。同じ電車通りで、ほんの百メートルほどの近所だが、今度は西本町三丁目である。

新築の、三階建てのビルであった。当時門司では、商船ビルと毎日新聞社ビルと、それからこの二十三銀行支店ビルを指して、『三大近代ビル』と呼んでいた。二階が出光、一階が銀行で、後に合併等によって改名して、『大分銀行』となる。三階はまた他の機関によって使われていた。

このころは、出光はその後の運命を決するような『登り坂』の最中であった。但《ただ》し、その坂道は急勾配に過ぎて、ふところ具合にしぼっていうと、いつもいつも『火の車』であった。

経営は、小さいながらに順調であった。にもかかわらず、なぜ『火の車』だったのかというと、出光が神戸高商の内池教授譲りの『大地域小売り業』という理想にのめり込んで、目の前の『金儲け』を拒否するからであった。

それらの経緯を語る前に、大正十一年という年が、出光にとってどんな時点だったかということを、いま少し説いておこう。前年の大正十年の六月に、出光は創立十周年祝賀行事を行なって、内外に記念品などを配っている。石の上にも三年というが、十年も経つと、組織はどうやら一人前に育ってくるものだろう。同じ年に博多に支店を設けている。

親会社の日本石油にも、大異変があった。創業以来の長い競争相手だった宝田《ほうでん》石油と、対等合併したのである。

日本石油は、日本では最も古い、最も由緒の正しい、そして最も規模の大きい石油会社であった。日本では唯一の石油産地といえる新潟県に、土地の名望家、資産家などを網羅して株主にして、明治二十一年に誕生したもので、その後、順調すぎるほどに順調な経営を続けて今日《こんにち》に至っている。いわば保守的、体制的な会社である。

これに対して宝田石油は、出身は同じ越後だけれど、日本石油とは対蹠《たいしょ》的な育ちであった。日石とほぼ同じ年代に、長岡在の山の中に一つだけの油井戸を持つ零細石油会社として誕生し、悪戦苦闘を続けて、周囲の同じような零細会社の合併をくり返して成長したもので、合併会社数は百を超え、それだけに野性的、進取的であった。一面がさつだといわれるのも故なしとしない。

長年にわたって両社の合併は論議されてきたが、世界大戦が終わって石油会社の経営にも影がさし、かつ国際的にも競争力の強化が要請される時代になって、ついに実現したわけであった。

その合併は、大局的には出光には何の影響もないのが当然だが、日常的には支店長の異動――宝田系からの来任などがあって、出光も小波瀾には出くわした。

さて、問題の『大地域小売り業』である。その要旨は、広い地域にわたって多数の需要者に、直接商品を届けるものである。そうしないと、需要者と供給者の中間に立って、双方に利益を与えるという主旨は達せられない。すると、必然的に多数の支店が要《い》る。この時点での出光は、内地では下関、大阪、博多に、満州では大連《だいれん》に、華北では青島《チンタオ》に、シベリアではウラジオストックに、朝鮮では京城に、台湾では台北、基隆にと、『駆け出し』の出光商会には重荷にすぎると思われるほどの、数多くの支店をすでに抱《かか》えていた。

必然的に経費が多くかかった。また、実際の商品も、それぞれの支店に相当量置かねばならないから、資金が寝る。そのうえ、売れたからといって、早速に金になるものではない。

当時の出光の支店で、売れた商品がどんな具合に現金化していったかを見ると――例えば、最大の顧客、満鉄である。出光は日石の倉庫から出してもらって、自社の倉庫へ入れる。それから満州へ運ぶわけだが、その間の日数のロスは、なるべく出さないように努力しなければならない。

大連の埠頭に着いてから、満鉄の倉庫に納まるまでに、かなりの日時がとられる。『かなり』というのは、時には一カ月にも及んだという。倉庫に入ってから見本を取って、中央試験所に持っていく。そこで満鉄の規格に合っているかどうか分析試験されるが、それにも悪くすると、一カ月以上もかかる。

その分析試験に合格したとなって、いよいよ金を払ってもらう事務手続きに移るわけだが、これが図体の大きさに正比例して慢々的《マンマンデー》で――こうして荷積みしてから、金を受け取るまでには、半年くらいかかることはざらであった。

ところが、商品の出元の日石では、荷物を出してから決済まで、だいたい一カ月くらいである。満鉄から金を受け取るまでにはあと数カ月かかるが……それは出光が立て替えて、支払わなければならない。出光にはむろん、そんな金はないから、銀行で借金するしかない。

――こうして出光は、成績がよければよいほど、いっそうに火の車であった。でも、そんなに『寛大』に貸してくれる銀行が、果たしてあっただろうか?

人一人を教育する佐三

銀行との『やりとり』に移る前に、これらの時点での出光商会の『実態』について、ごく概略だが述べておこう。

そのころの社員数は五十名ほどで、うち本店に二十名ほどいた。博多なんかは多い方だったが、それでも支店長の下に支店員が五、六人だった。他の支店では二、三人だったのだろう。

店員の中には、後に出光社内で名を成した者は多数いるが、全国的に知名になった者といえば、初代博多支店長の安座上《あざかみ》真くらいであろう。安座上は運輸業から転じてきて、のちにまた運輸業に帰っていき、戦後の長い期間、日通（日本通運）社長を務めた人物である。

出光は、社員の訓練はきびしかった。最初のうちの入店は丁稚《でっち》ばかりだったので、手取り足取りだったが、このころになると、博多やその他の商業学校や、また専門学校を出た者も稀《まれ》には入ってくるようになっている。

初期に丁稚に来た者には、出光自身ですべて『いろは』から教えた。

例えば、掃除の仕方。ノブや取手を磨く時は、布を持ってごしごしこするよりは、布を伸ばして引っかけて、両手でしごけばいい。それを自分でやってみせる。

売上げ伝票や出荷伝票などは、カーボンを入れて四枚複写であったが、出光は直接自分で、年若い丁稚たちの書いた伝票を全部見る。できの悪いのは、その場で注意する。

「出光の商売は、君たちの書く一枚一枚の伝票から成り立っているんだぞ。そこのところを忘れてはいかん」

いつも、そういっていた。

稲用吉一《いなもちきちいち》は、当時、安座上の下へ博多支店の丁稚に入ったが、ある午後、支店長に呼ばれた。行ってみると、目の前に一枚の伝票を出された。

「覚えがあるだろう。よく見たまえ」

「はい。一昨日出した伝票だと思いますが……」

一昨日出して、門司へ送られ、出光が見て、また送り返されてきたものだろう。赤鉛筆で、大きな字のなぐり書きがあった。読んでみると、

『字か絵か』

と、出光自身の筆蹟であった。

「申しわけありません。忙しかったものだから慌てて……字か絵か判らんような字を書きまして……」

「うん。これからよく注意するんだ」

安座上は、特別には叱らなかったが、稲用は恥ずかしくて、頬から火が出る思いであった。そして、

（店主は、こんなに注意しておられるのだ！　我々も、たるんではいかん）

子供心にも思い締めたものであった。

休みは盆と時化《しけ》の日だけ

このころ、出光商会の仕事は、内地では殆《ほとん》どが漁船や運搬船への燃料油の補給だったから、門司の本店も博多の支店も、仕事にはさしたる違いはなかった。

機械漁船は、日に日に激増を続けていた。

博多での最大の得意は、徳島県九州出漁団玉之浦連合組合という団体であった。もともとは長崎県の五島の最南端の玉之浦というところが基地だったので、この名前があるわけだが、それでは不便すぎるというので、いつか大挙して博多へ移ってきたものであった。もちろん福岡市も、港を改修したりして誘致に努力した。

そのほか島根県の八束《やつか》船とか、山口県の船団とかがお得意であった。

これらの漁船は、朝暗いうちに——二時か三時ごろに魚を積んで入港してくる。それを迎えて注文をもらうわけだから、こちらも暗いうちに、注文を受けに行く。そして午前中は、油の積み込み、午後は集金に回り、夜、伝票の整理や、記帳をする。そして月末が、計算書の作成である。

以上が毎月の仕事で、日曜、祭日も休みではなかった。休みはお盆と、時化の日だけであった。

こうして博多港内の仕事が主力だが、ほかに『行商』もあった。宗像《むなかた》郡、糸島郡などはバスや自転車で回って注文を取り、恵比寿丸というのを持っていて、これに十八リットル缶を満載して、佐賀県、長崎県と半月がかりで回った。壱岐《いき》や対馬へも回って行った。

関門や博多港内の油の販売が、出光の独占同様になったのは、例の弘の考案による計量船の存在が大きく役立っていた。博多で使ったのは下関で造った鋼船であった。

出光の社員訓育は、そんな日常訓練だけではなかった。店員は、初め店の二階に合宿させていたが、それは東本町二丁目から二十三銀行支店の二階への移転の時に外へ出て、別に新しく一軒の社員寮を持ったのである。

社員寮について、出光は次のように書いている。

出光商会は、父兄に代わって若者を訓育する責任を感じている。

出光商会としては、財界に他に類のない良き店風を作り、店員をして、自己の店風に充分の自信と自覚を持たせたいのであります。各支店・出張所には、必ず合宿所を設けてあります。これ市内散宿のため、一般社会の悪い風に感染せしめないがためであります。さらに店員相互間の懇親練磨の用に供したいのであります。若い者にありがちの夜遊びや素行の治まらない者が出た場合にはお互いに親切に忠告し、監督し合うのであります。場合によっては、兄が弟に加うる鉄拳制裁も、またやむを得ぬと思うのであります。

かくしてなお悪夢醒めざる者は、店長または私に告げて力添えを得、総力を挙げて必ず改悛させることにしたいのであります。この場合、私や店長に知らせることが遅れたため、改悛の時機を失することが往々ありますから、なるたけ早く知らして貰いたいのであります。私共に隠すことが、本人に対する親切と誤解している人が相当多いようだが、これは大なる考え違いで、出光商会は、若い者にありがちの失策のため、これが改悛指導に努力もしないで、直ちに退店せしむるような、不人情な店風ではありません。父兄にかわってこれを訓育するの責任を感じておるのであります。馘首《かくしゅ》する場合は、父兄が子弟を勘当する場合に相当するものと思って、安心して早く相談して貰いたいのであります。(『我が六十年間』第一巻より)

＊

会社で指導し、合宿寮で気を遣うだけでなく、出光は一カ月に一度は『常会』を開いて、全店員と膝を突き合わせて語り合った。

最初の事務所移転の時、出光は店を出ている。初め市内の末吉町に家を構え、のち竜門町に移っている。

このころには、出光はもう結婚していた。夫人は旧名を城戸崎ケイといって、門司からは日豊線で少し南に下った、同じ福岡県の築上郡宇島《うのしま》――現在の豊前市――の出身で、旧家の娘であった。

ケイとの間には子供がなかったので、社員たちは家庭に招かれても、気楽であった。常会は、いつもその家で開かれた。

前回の常会からこちらへ、たまっている手紙類を、出光は持って出た。

「手紙は、それぞれの社風を表わすものだ。よく気をつけて読むがいい」

どこそこの会社の手紙には、これこれの癖がある。どこどこの会社の手紙は――

あれは××君が書くのだろうが——いつも大変よくできている。手本にしなさい——と、出光は実際の業務に即しての薫陶に周到であった。

が、そんな目の前のことだけでは終わらなかった。実業人としての、根本的な心構えを説いた。というよりは、人間としての——という方が、より適切であろうか。

黄金の奴隷になるな。

私は「金持ちの金は借りるな。人間がしっかりしておれば、金は自然に集まる」といっております。創業後七年か八年の間は、死ぬか生きるかという非常な苦しみをやった。その間に従業員が覚えたことは、人間がしっかりして、力を合わせておれば、どこからか金はできてきて、難関は突破していけるということです。それが「人間が資本である」という言葉になったわけです。

私は銀行からしか金は借りないということをやってきました。当時の銀行は担保がなければ金を貸さない。けれどもそこに「声なき声」があったのです。「あの出光商会は変わっておるぞ。従業員がみんなしっかりしていて、火の玉のように一致団結しておる。あれを育てようではないか」という声があったのです。その「声なき声」に守られて、私は主義方針を貫きとおして銀行以外の金は借りなかった。

（『我が六十年間』第三巻より）

学問の奴隷になるな。

私が明治四十二年神戸高商を卒業した事を忘れ得なかったならば、私は丁稚奉公をしたり、油屋にはなれなかったであろう。私は卒業証書を忘れ、学問知識に対する依頼心を去って、初めて人間としての広い道に出たと思っている。

それで入社した新卒業生に、まず「卒業証書を捨てよ」といい聞かせる。素質のよい教育のある青年を無限にのばしてみたいからである。

現代の世相は、学問とか知識とかにあまりに依頼心を持って、肝心の人間を忘れている。これは過去の資本家が、金に依頼心を持って、金の奴隷となっていたのと同じだ。どこに人としての尊さがあるか。学問にとらわれ、理論の奴隷となってはならぬ。大学何年卒業という順位によって、人の地位が決定する現代の制度は、生ける屍を作る制度である。（中略）屍は盛んに論ずるが、実行は得られない。（昭和

（二十九年『知性』十二月号より）

＊

以上は出光が、常にくり返し説いたところであった。黄金の奴隷は、神戸高商時代からの口ぐせのようであり、学問の奴隷は、酒井商会時代の丁稚奉公の経験に根ざすものであった。

とはいっても、『学問の云々』は、むしろ自分に語りかけた自戒の言葉だったかもしれない。「黄金の奴隷になるな」を敷衍《ふえん》して、次のような話をよくした。

出光は、金を儲けようと出立したものではない。

出光商会は金を儲けようとして出立したのではありません。一生働いて働き抜いて見よう。それも各個がバラバラに働くのではない、一致団結して働こう、これが人間生まれきたったゆえんであり、国家に対する責務であり、社会人としての道であるというのでありまして、そこに不動の主義方針を持ってきたのであります。これが私が三十年前、燃ゆるがごとき情熱を持つ青年として、金力の横暴、資本家に対する反抗、独立自営の夢、外来の権利思想に対する嫌悪、家族主義、温情主義に対する愛着、日本国粋に対するあこがれなどより、自然と理想を持つようになり、この理想を実業界に実現しようとしたにすぎないのであります。（昭和十五年九月「紀元二千六百年を迎えて」の訓示より）

＊

右のような話をすると、福井敬三とか増野伸とか、吉村和人とかいった連中から、よく質問があった。

「あんたはそんなことをおっしゃるけど、少しは儲けなくては……。これでは毎月の銀行の支払いがつらすぎますよ。少しは大阪の小沢商店あたりの真似でもなさったら……」

福井は神戸高商の出身で、出光よりも一年の先輩であった。増野は広島商業、吉村は福岡商業の卒業で、これらは質問というよりも、反問、ないし反撃という方が当たっていた。

「いや、そうじゃない」

と出光は、強く首を振る。

「小沢商店の行き方は、いま目の前では儲かっているかもしれんが、いつまでも、それで儲かるというものではない」

小沢商店は、日石から現金買いする。それだけに安くさせる。それを電報一本、手紙一通で注文を取って、あちらこちらへ卸《おろ》す。卸し先は一定していない。それもまた値引きして、その代わり現金でか、現金同様の短期の手形で払わせる。その金を持ってまた日石に行って、「現金買いだから」と負けさせて……。

「卸した相手の顔も見ていない。愛情も湧かねば、親近感も起こらん。その場限りだ。全くの黄金の奴隷ではないか。これに対して、うちは一々支店員が相手を務める。人間対人間だ。親近感が湧き、長くお得意さんとして固定する。長い目で見て、どちらが本道か、すぐ判るだろう」

支店が増えれば、それだけ支店員の数も増えるわけだが、それはなるべく少数で済ませたい。すると、必然的に「まかせ切る」ということが必要になる。

まかせ切るためには、それだけの人材が要る。こうして出光商会の『人材養成』は、ますますきびしくなっていく。

重病と経営に悩みながら

これらの時点よりは二、三年前の話だけれど、満鉄の冬候油の納入に成功した大正八年の年末から、翌九年の早くにかけて、出光は大病で臥床したことがあった。

病気は腸チフスで、特効薬のなかった当時としては、腸チフスは重病であった。当時もやはり、ふところ具合は火の車で、銀行相手のやりくりに四苦八苦していた。重病に悩みながら、ふところ具合にも悩む。出光は二重苦であった。

いったんは危篤に陥《おちい》ったが、どうやら脱出して、大正九年の二月の初めからは回復期に入った。

出光は、妻のケイと共に別府に転地療養していた。長い病気だったから、回復期ともなれば人の出入りは激しくなった。その中で、ある友人が出光にいった。

「君は、自主独立が欲しくて油屋になったそうだな。すると、出光商会で、君の独立の目的は達せられたわけだが、君の会社で働いている社員連中はどうなるんだ？君と同じように独立が欲しいにしても、そうはいかない。君に仕え、君に搾取《さくしゅ》されなければならない。これらの人たちの独立を、君はどう考えるのだ？」

「なにッ、店員たちの独立⁉」

いわれて、出光はギクリとした。思ってもみなかったことであった。

だが、指摘されてみると、その通りである。いかにも、店員たちにしても、『自由』は欲しいだろう。『独立』は欲しいだろう。

自分さえ独立がかなえば、あとの者はどうなってもいいというのでは、無責任に過ぎるではないか！

出光は、迷った。悩んだ。殆ど回復期のあいだじゅう、輾転反側《てんてんはんそく》して考えに考えた。

その結果、やっと一つの結論に達した。

それを出光は次のように書いている。

私の独立のための店員は犠牲か。

私は独立自営ということで出発したのであるが、私自身が独立自営する、それは結構であるけれども、それでは多くの店員は、私の独立自営のための犠牲になっておるのか、私のために搾取されておるのか、というような疑問が起こってきた。これは私にとって、非常な大問題であった。私はそのとき、いろいろ悩み考えたが、結局、出光も日本人である。日本人であるからには日本国民としての独立であり、日本の国策の範囲内での独立である。したがって店員も、出光の店員であるがゆえに、出光の店是というか、店の方策の範囲内で独立させればいいじゃないか。

そして出光そのものは国家・社会のために働いておれば、店員もおのずから国家・社会のために働いて、しかも独立しているということになるではないか。それには店員を自由に働かせるようにすればいいではないか、という結論に達した。

（昭和三十七年十二月『兎から虎へ』から）

＊

これを敷衍して考えると、社員一人一人の立場は、次のようになる。

社員一人一人は、その持ち場で独立している。

仕事の上においても、私のみが独立しておるのではありません。店員各自が、その持ち場、持ち場において独立しておるのであります。換言すれば、自己の仕事の範囲内では、全責任を負い、完全に事務を遂行すべきであります。かくして他人の容喙《ようかい》を許さないのであります。これがすなわち独立であり、自治であります。したがって、研究も討議も方針の決定も、自由であります。そして研究したる結果も自由に主張すべきであります。各人の熱心と努力とを活かして行きたいのであります。（中略）

かくして私生活に、公生活に、独立自治の大精神を体得し、個々に鍛錬強化される店員が、店全体の方針の下に一糸乱れず一致結束し、団体的総力を発揮するのが、すなわち出光商会であります。（昭和十五年九月「紀元二千六百年を迎えて」の訓示より）

＊

悟《さと》りを開き、かつ鼻の下に『ひげ』を蓄えて、出光は別府から帰った。長い療養生活で、ひげが伸び放題に伸びていた。病気を記念するというのも変だが、まあそれを記念して、出光はひげを蓄えることにしたのである。

五尺五寸（約百六十七センチメートル）ほどの中肉中背に、背筋がしゃんと伸びていた。眼がひっこんで、相当な奥眼である。それが楕円形の銀ぶち眼鏡をかけ『ひげ』を蓄えて、三十路《みそじ》の半ばを行く出光は、堂々たる紳士ぶりであった。長い病《やまい》に痩せて、やつれてはいたけれど、それだけに一層スマートでもあった。

五章

危機

良い会社には、銀行は必要なだけ貸す

銀行から貸金を一挙に引き揚げられて

銀行との取組みに悪戦苦闘していた出光は、大正十三年の春のある日、ついに第一銀行から止《とど》めを刺された。

「あなたの方への貸金を、全額、一応引き揚げたいと思います」

と、第一銀行の門司《もじ》支店から、申し入れてきたのである。

当時、出光のメインバンクは、大分の二十三銀行と、第一銀行で、両方からそれぞれ二十五万円程度、合計五十万円ほどを借りていた。

「急に、なぜまた、うちへの貸付金を、全額などという手荒な回収をなさるのですか。うちは、経営は順調ですよ。支店が多いので運転資金がたくさん要《い》って、借入金こそ多いですが、それも健全経営の枠内であることは、毎月貸借対照表をお見せしてますから、あなた方が一番よくご存じのはずじゃありませんか」

出光はそういって説明したが、第一銀行は「支店長が変わったので、方針が変わりまして」といってきかなかった。

出光は、銀行の付き合いでは、古いのも重要なのも二十三銀行が一番であった。開業当初は住友銀行だったが、いつか二十三銀行に変わった。支店長に、神戸高商で出光より二級上だった後藤三郎が来任したからであった。

が、出光は後藤とよりも、その後任の久保寺良吉と深い付き合いをした。久保寺は東大の出で、理想家肌であった。それが、出光とはよく合った。

「僕は、生産者から直接仕入れて、それを消費者にできるだけ安く売ることを主眼にしています」

出光がいうのを、久保寺は共感を持って聞いた。三井にせよ三菱にせよ、いわんや時めく神戸の鈴木商店など、みんな、金さえ儲かればいいという商売をしている。出光のような理想を持った商人は、ほかにいなかった。

第一銀行とは、その次の付き合いだった。大正六年に同店が門司に支店を置いて、浅川という支店長が来任し、出光と気分が合ったのが始まりだった。

最初の会見の時、出光が貸借対照表を持っていって、見せながら解説したのが気に入った。

「私もいろんな方とこれまでお取引しましたが、初めから貸借対照表を持って見えたのは、あなたが初めてです。よろしい、お取引しましょう」

そういって、浅川はその後、出光を極力支援した。それが三年ほど経って、土地の新聞社と喧嘩して、浅川は北海道に転任してしまった。

その後任の次の後任という支店長が、出光とはうまくなかった。出光は借金は多く、どうせ無理な取引をしていたのだろうから、支店長と感情的にうまくいかないとなると、致命的であった。

その支店長が変わる時の申し送りで、次の支店長から、出光はバッサリやられたのであった。

出光は、ジタバタしなかった。経営成績は、悪くない。一度に貸金を回収されて——つまり、つっかい棒を一度に外されると、倒産するかもしれないが、それにしても『黒字倒産』だろうと思われた。

計算してみると、案の定黒字なので、出光はそれらの書類を持って二十三銀行に乗り込んだ。といっても、二階から一階へ下りただけのことであった。

「林さん、出光は第一銀行から貸金を一挙に全部回収されました。大きな打撃です。私の方は黒字の確信はありますが、あなたが——二十三銀行さんが同じように貸付金の一斉引き揚げをなされば、破産してしまいます。破産しても世間にはご迷惑をかけずに済むとは思いますが……どうなさるか、決めて下さい」

支店長の林清治に申し入れた。

この時の林の行動が出光を救い、出光は深く、長く、それへの感謝を忘れない。

けれども、林の行動の裏には、平素の出光自身の、信念に満ちた言動があったことを忘れてはならない。その信念が林を搏《う》ち、久保寺を、頭取の長野善五郎を搏ったのであった。出光は、自分で自分を助けたといっても過言ではないであろう。出光は、後に次のように書いている。自分の会社の『健康』を誇るような文章だけれど、実は、理解を示してくれる銀行への感謝の念に裏打ちされている。

良い会社には、銀行は必要なだけ貸す。

われわれのところは、「資本金は無をもって理想とする」といっているように、資本家の搾取《さくしゅ》は許さない、黄金の奴隷にならないということで、大部分は借入金なんだ。

現在、一般的に借入金で事業を経営するということは間違っておるという見方があるけれども、事実は金を借りられないからだよ。ということは、会社の内容が悪いから銀行が貸さんのだよ。出光のように会社の内容がよくて、必要なだけ銀行も貸すということなら、借入金で十分だと思うんだよ。自分の悪いことを棚に上げて金を貸さないことを悪くいうのはおかしい。われわれはいままで苦労はしたけれども、必要なだけの金はずっと借りてきた。昔から銀行は出光を育てよう育てようとしてきたと銀行関係者はいっておられる。(昭和三十八年八月『「人の世界」と「物の世界」』より)

＊

さて、林は、「暫《しばら》く待って下さい」といい残して、すぐ大分へ帰った。頭取の長野善五郎と相談するためであった。

本店取締役になっていた久保寺と二人で、長野に直訴した。長野は、「君はどうすればいいと思うか?」と反問した。

「私は、第一銀行の分も肩代わりして、出光氏を助けてあげたいと思います。そうするに値する人物と信じますので……」

「そうか。では、そうしたまえ」

と、長野は寛容であった。

それで、当面の危局は回避されたけれど、出光への金融の危機は、なお去ろうとはしなかった。

大正十二、三、四年と、年ごとに不況は深刻さを加え、危機は深まっていった。

出光が、これらの度重なる危機を乗り切って、昭和二年の金融パニックも、ともかく無事やり過ごすことができたのは、ひとえに二十三銀行の、行き届いた理解があったからと、いわねばなるまい。

死の淵の堤を這《は》いずり回るような危局の中で、出光佐三は大正十四年にはケイと離婚している。恐ろしいほどの経営危機と、家を外に奔走する佐三。こうしてケイとは別れねばならなくなったのだろうが、佐三もケイも、その間の事情については何らの言葉を残していない。ただ「子供が生まれなかったから……」という、弟計助の証言があるだけである。

出光は、大正十五年の六月に、門司の甲宗八幡宮《こうそうはちまんぐう》で、土佐藩主山内家の一族である山内靖子と再婚した。そして、その翌年に長男昭介の誕生を見た。四十三歳にもなって初めての子供だったから、佐三の喜びは一通りでなかった。

そして、昭介の誕生を機とするかのように、さしもの金融危機も遠ざかって行った。

日華事変の渦の中で

それからの道は、比較的平坦であった。

昭和六年には、満州事変が起こった。

やがて、満州国が独立した。

これらの狂瀾怒濤《きょうらんどとう》の激動期を通じて、『出光』はいっそう伸びた。いっそう満鉄への食い込みを深くし、かつ、華北から華中へと、進出のステップを大きくしていった。

昭和十二年の一月には、これは佐三一人に関することではあるが——福岡県から貴族院の多額納税議員の補欠選挙に立候補して、当選した。

やがて、日華事変が始まる。

戦いの火は、果てしなく燃え広がって、忽《たちま》ち全大陸を呑み込んでしまう。

石油は、最大の戦略物資だから、当然、軍部はこれを支配しようと、虎視眈々《たんたん》である。

だがしかし、全中国にわたって石油の流通を支配するようなことは、とてもできなかった。なぜなら、石油はもともと、アメリカなり蘭印（現・インドネシア）なりから、殆《ほとん》どすべての原油を入れている。外油会社の協力なしには、石油に手を触れることもできない。世間知らずの軍人たちは、すぐにでもサーベルの威力で石油を支配するような幻想を持つが、そうはいかないことが、すぐに判る。

開戦よりも早く、国内でまず『できることから』といった観点で、石油の統制が始まる。昭和十一年の四月に、『石油聯合《れんごう》』というのが発足して、統制にとりかかる。

『聯合』とはいっても、実質は株式会社で、日石をはじめ小倉、三菱など、日本の石油会社がすべて参加したものであった。それがガソリンの統制から始めて、石油一般についての価格の決定、販売数量の割当て、などと乗り出してくる。

このころの日本の石油行政の元締めは、商工省の外局の『燃料局』であった。陸海の現役軍人が要職に出向してきて、次第に『軍支配』の傾向を強める。

そのうちに、日中の開戦であった。

統制の端緒を握った軍人たちは、一挙に石油支配を完成しようと、『大華石油』という国策会社の設立に乗り出す。『石油支配』とはいっても、それはむろん、日本の自由になる石油だけの話である。それを、満州国は専売制だから別として、中国に関する限り、すっぽり網に入れて、『大華石油』という名の機関に扱わせて、実際的には、『軍支配』を確立しようというものであった。

ところが、当然『外油』の抵抗があった。アメリカ、蘭印にわたって、石油の『命綱』を握っているのは、むろん米英であった。大華石油に中国市場を独占されてしまっては、いかに『命綱』を握っているからといっても、具合が悪い。

それで米油各社は、十三年の五月に、就任したばかりの外相・宇垣一成に圧力をかける。

「大華石油というのが、中国の石油市場の独占を狙っているけれど、それは機会均等、門戸開放という、日本の国際公約の無視ではないか。とうてい黙視できない」

アメリカ政府筋からの強硬な申し入れに、もともと米英派の宇垣は何の抵抗もなかった。「諒解した」とアメリカに返事するとともに、

「大華石油なんて、やめてしまえ!」

陸軍を代表して、燃料局の企画課長に出向している堀三也大佐を怒鳴りつけた。

こうして大華石油は、株式の払い込みまで済んで会社が成り立っていたのに、おジャンになってしまった。

出光と石油聯合の「石油戦争」

局面は、一転する。『石油聯合』も『大華石油』も、同じ穴のムジナであった。

大華石油が解散になると、その残党は大挙して石油聯合に流れ込んだ。

「石油聯合に、中国への輸出の油を扱わせよう」

そう決まって、『物動油』といって、物資動員計画に乗って国策で動く油の中国への輸出を、全部『石油聯合』に扱わせることにした。

怒ったのは、出光であった。

大正三年の満州進出以来、二十何年間もひたむきな努力を積み重ねて、専売制の満州国の実務面はもとより、全中国大陸に強力な販売網を張りめぐらせていた。

それが、一枚の紙きれで、

「石油聯合の下請けをせよ」

と示達されても、はい、そうですか、と聞けたものではない。

出光の整備した販売網があるのに、なおその上に石油聯合の網もつくるといわれても、素直に聞けるわけがなかった。

これから、出光佐三と石油聯合による、十年近い『石油戦争』が、本物の戦争をしている中国を舞台に、くり展《ひろ》げられるのである。

出光は、『統制嫌い』であった。なんにも知らぬ軍人や役人がいきなり乗り込んできて、総裁とか部長、課長とか、要職を占め、何も知らぬままに命令する。お蔭で本職は、ひどく能率をそがれる。そんな『国策』とか『統制』とかいうものが、出光は虫酸《むしず》が走るほどに嫌いであった。

一方の統制軍人や統制官僚にしてみると、坊主憎けりゃ何とやらで、出光のすることは、一々気に入らなかった。

昭和十四年の初めごろ、出光は上海の浦東《ほとう》地区に、最終規模十万トンクラスの貯油タンクの建設を計画した。軍と興亜院と外務省の諒解が要ったが、それはどうにか取りつけた。

大蔵省（現・財務省）からも、資金の諒承を得た。

ところが、いざ工事にかかってみると、出光の工事場には、軍は警護をつけてくれなかった。それよりはずっと便利な、浦東桟橋の近くに石聯がタンク建設の敷地を持っていたが、単なる遊休土地で、工事準備も何もしていないのに、こちらには軍が警護兵をつけた。

目に余る不条理、不公平であった。出光は仕方がなく、自警団を組織して、小銃二十丁で自衛した。

そのタンクは完成して、アメリカの対日禁輸ぎりぎりの時点で油を買い入れて貯油、民間はもとより、大いに軍の役にも立った。

が、その例でも見られるように、軍の一部は統制官僚と組んで、出光に対しては邪魔ばかりした。ある時は、

「出光は、国賊である！」

との、途方もないデマを流した。

新しい作戦で、新しい地区を占領してみると、そこに出光の石油缶がゴロゴロある。

「経済封鎖のすき間をくぐり抜けて、出光は石油を敵地へ売っているのだ。けしからん売国奴だ！」

そういって、いっとき、ひどく評判が悪かった。

ところが、間もなくその火は消えた。軍に、新しい説が流れたのである。

「いや、そうではない。出光は国賊どころか、大変な功労者だ。経済封鎖の網の目は粗くて、同国人の中国人なら誰でも石油を買って、奥地へ運び込むことができるよ。それは問題じゃない。その石油代金で、やっと軍票の回収ができているんだ。軍票が出すぎて、軍も処置なしだったんだよ」

これらの積弊に耐えかねて、出光は戦時中をもかえりみず、次のように直言して

いる。

国策会社の無能、非力

事変の勃発と共に国政の中心はそのまま官僚の手に移った。事変より大東亜戦争に移行した未曾有《みぞう》の大戦争であり、国難であり、総力発揮である。計画経済の下に極端なる統制は強行せらるることとなった。官吏は昼夜兼行、涙ぐましき努力をなした。しかしながら、実地鍛練の不足、不徹底からきたる実力の弱さは、いかんともいたしかたがない。経験の不足は、六感の働きが鈍く、簡単な見透しがつかない。目標が見えず、力の用い場所がわからぬ。努力は的を外れて真の力たり得ない。それにこれまでの習慣から、まず道順は考えられ、安全な回り道を選ぶ。法律、機構をどしどし作りて、事足れりとし、統制会、協会、組合、委員会、国策会社、子会社は、次から次へと止めどはなく、外観、陣容は整備せられた。

これらは、よくこの難局に善処したとはいえ、その反面、過去の習性たる責任回避、割拠主義、繁文褥礼《はんぶんじよくれい》、非能率はそのまま移行されたのである。能率昂揚に隘《あい》路《ろ》となって、総力発揮を阻害、遅延せしめたのである。拙速主義の下に一夜漬けに作られたる法規の字句に拘泥《こうでい》して、その目標を見失いて、道に迷い、合法的なれば差支えなしとの観念の下に、法の精神を没却し、会議の形式において責任を回避し、実際の見透しに迂遠《うえん》なるがために機構を濫設して、これに頼らんとして、簡素、強力の実体を害し、寄合世帯の真相を達観し得ずして、国策会社、組合等の無能、非力なるを曝露し、さらに面目にとらわれて、改善、廃止に躊躇《ちゅうちょ》、逡巡する等々……みな実地の鍛練の不足よりきたる力の弱さを示すものにして、資本の奴隷たるに対し、法律、機構の番人なりというべきである。この非常時を背負う人の力としては不充分といわねばならぬ。（昭和十九年一月『聖戦第三年新春の辞』より）

統制の上部機構は『無』に近きを理想とする。

実務に重点を置き、ここにて人間が全力をつくす。これを統制する機構は『無』に近きものを理想とし、これが陸軍に取入れられ、南方に実行中。（筆者注・南方占領地の石油班の話＝後述）

これに反し、無を理想とするところに膨大なる機構を作り、その下に子会社、協会、組合を作り、人間はその蔭にかくれ、役得を振りまわし、働かなくなったのが、これまでの行き方である。（中略）

思うように人を働かしめて生産の実績をあげ、その上の統制機関は『無』に近くせられたし。無用の統制、トンネル会社を作られることは絶対に阻止せよ。（昭和十八年五月四日「東京店主発・北京重役室あて」電文）

六章 消滅

活眼を開いて眠っておれ！

石油部隊の進撃

蘭印地区の『石油』を追って、日本はついに米・英・蘭と開戦した。昭和十六年十二月八日であった。

開戦と同時に――いや、実はそれよりも遥かに早く、日本は『石油確保』の手を打っていた。南方への、石油部隊と石油資材の、戦略展開である。

日本の石油産出は、極めて少ない。ジェローム・B・コーヘン教授の『戦時戦後の日本経済』によると、一九四一年（昭和十六年）の年産量は、僅《わず》かに原油三十万八千キロリットルであった。

これに対してアメリカの年産量は二億二千万キロリットルであった。日本のざっと七百倍である。日本の生産量では、人造を合わせても、平時需要の一二パーセント未満しか賄《まかな》えずその使用量の殆《ほとん》どを輸入に仰いでいた。それもその五分の四はアメリカからで、一〇パーセントが蘭印からであった。その他の諸国からは、僅かであった。

これに対して、蘭印の石油年産は、一千万キロリットルを超えていた。日本の需要は陸海軍合計の戦時消費に民需を加えても、五百五十六万キロリットルと推計されたから、そのすべてを賄って余りあるものであった。

日本は、海軍が買い溜めたりして、開戦前夜には六百八十三万キロリットルの備蓄を持っていた。この油が底をつかないうちに、早く蘭印の油を得て、安定消費に移らねばならない。

そんなわけで、太平洋戦争の全局面の中でも、『石油戦争』は急がれた。

開戦よりは六カ月も早い十六年の六月までに、内地の油田のうち政府の補助金で試掘していた油井《ゆせい》の九〇パーセントでは、「坑内事情により」という理由で休坑になって、櫓《やぐら》や削具などが取り外された。それらは急いで梱包されて、南方の『油田占領作戦』に向けて早くから積み出された。

開戦二カ月前の十月一日には、石油従業員に対する『徴用令』が出された。彼らは千葉県国府台《こうのだい》の陸軍兵舎に集合して、先発隊としての出発命令を待った。

集められた要員たちは、石油各社の社員であった。彼らは開戦より一カ月余り早く、十一月五日までに仏印サイゴン（現・ベトナム・ホーチミン）に集結して、出撃命令を待った。こうして、石油部隊は、開戦と同時に進撃に移ったのであった。

ボルネオ進撃部隊は、開戦僅か五日後の十二月十三日に、北ボルネオのミリ上陸をめざしてサイゴンを船出した。

油田も製油所も爆破され、炎上していたが、彼らの作業は迅速を極めて、内地から運んだ簡易装置によってすぐ蒸溜作業に移り、三月中旬には油槽船《タンカー》『橘丸』によって、最初の原油六千キロリットルが内地へ運ばれた。

スマトラ進撃部隊は、開戦が明けた十七年の二月十一日に、基地である仏印カムラン湾を船出して、南スマトラのムシ川をさかのぼった。

二月十四日には、落下傘部隊四十名がパレンバン製油所に落下して、無血占領し、『空の神兵』と讃えられた。

それから、三年八カ月の月日が、流れ去る。

日本は、ぼろぼろになって、敗戦した。

ある者には、永遠のごとくに長い月日だったろうし、他のある者には、たまゆらのごとく短い時間だったかもしれない。

出光は、戦いの三年八カ月を、全力をあげて『戦争の完遂』に協力した。

戦争は消えたのであって、勝負は決していない。

十五日正午、おそれ多くも、玉音を拝し、御詔勅を賜わり、涙のとどまるを知らず、言い表わすべき適当な言葉を持ち合わせませぬ。

　万事は御詔勅に尽きている。陛下は限りなき御仁慈を垂れたまいて、悪魔の毒手から赤子を救わせたもうたのである。（中略）戦争は消えたのであって、勝負は決していない。（昭和二十年八月十七日、出光全社員への訓示の速記。『出光五十年史』より。傍点は筆者）

＊

　それはしかし、戦争の主人公面《づら》をしていた『軍人』たちや『官僚』たちに協力した、ということではなかった。

　その反対であった。

　戦争の完遂を願えばこそ、まるで自分たちだけが戦争をしているかの、統制軍人たちには反対した。統制官僚たちと、対立した。

　だが、いまこうして、戦争が『消えて』しまえば、それも果敢《はか》ないことであった。

　出光は、敗戦の三日前の八月十二日に、家族の疎開先である栃木県足利郡松田町を訪ねており、そこで十五日の天皇の放送を聞いたのであった。

　熱烈な天皇の崇拝者であり、『神州不滅』の歴史観に徹し切っていた佐三には、あらかじめ情報は聞いていても『敗戦』は容易に信じられなかった。まる一日中、頭を抱《かか》えてもがき苦しんだ末に到達したのが、以上の見解であった。

「戦争は、負けたのではない。原子爆弾によって『消えた』のだ！」

そして、その見解を抱いて十六日に自動車で東京に帰り、十七日朝、自社の社員集会に臨んだのであった。

戦争が『負けた』のでなく、原子爆弾によって『消えた』というのは、その時にはもう、出光の心の中では確固不動の信念となっていた。

会社は、戦争中に株式会社となり、『出光興産』と名を変えていた。出光は、全員を指図してまず皇居を遥拝《ようはい》した。遥拝とはいっても、爆撃で焼け失せた東京の町では、銀座三原橋の出光のビルから、皇居は目と鼻の先であった。それから社内に勧請《かんじょう》している、出光の郷土である福岡県宗像《むなかた》在の、当時は官幣《かんぺい》大社であった宗像神社に参拝した。

佐三の考えによれば、宗像神社は単に郷土の神というだけでなく、伊勢神宮と並ぶ日本の二大尊貴であった。その祭神は、天照大神《あまてらすおおみかみ》が素盞嗚尊《すさのおのみこと》と互いに異心のないことを盟《ちか》い合った時に生まれたといわれる三柱の姫神である。三神は皇孫瓊瓊杵《ににぎの》尊《みこと》の降臨に先んじて、大神の命によって豊葦原の中ツ国に降《くだ》ってきて、筑紫の国に住んでこれを経営した。三神のうち、市杵島姫《いちきしまひめ》は、現在の宗像大社の本殿のある宗像市田島に住み、湍津姫《たぎつひめ》はそれより海上十余キロの大島に、田心姫《たごりひめ》はさらにそれより遥か海上五十キロの玄海の孤島、沖ノ島に住んで、それぞれに九州本土、ならびに洋上を支配した。かくて天孫降臨に際しては、天孫を案内し、天孫を助け、その功績は比類なく顕著であった。

よって天照大神は、「お前たちは臣下として皇孫に忠節を尽くすべきだが、また一面、神として天孫によって祀られなさい」といった。すなわち、その功績によって歴代の天子たる者より「祀られよ」という、天照大神直々《じきじき》の宣言であった。すなわち『勅祭社』の初めである。

戦前の早い時代から、福岡県選出の貴族院議員であった出光佐三は、そのような社伝を、宮司の櫟本《いちのもと》憲昌から聞いて、深く感動し、銘記していた。だからいま、敗戦の辞を社員に語るに当たっても、まず宗像神社に拝礼して、慎みを深くしようと考えたわけであった。

出光は、話を続けた。

原子爆弾は聞けば聞くほど恐ろしい破壊力である。毒ガスなどと比較すべき程度のものではない。広島のような使い方を続けられたら、無辜《むこ》の日本人は大半、滅するであろう。(中略)この兇暴なる悪魔の大虐殺が、日本民族絶滅のために連続使用されるとなれば、かりに戦局が日本に有利に進展しつつある場合たりとも、やはり戦争はやむのである。原子爆弾によって戦争は消えたのであって、勝負は事実の上において決していない。ただ日本が敗戦の形式を強要されたに過ぎないのである。

(中略)

戦争の旗印は正義人道である。米国は殊にこの点を強調してきた。正義人道の旗印を目標として争っておるところが戦場である。この旗印が撤去抹殺されたところは、もはや戦場ではなく、戦争は消えたのである。正義人道の争奪の戦場は、一朝にして悪魔乱舞の修羅場と転落したのである。大東亜戦争は、かくして消えたのである。陛下は、この消え失せたる戦場、悪魔乱舞の修羅場より、赤子《せきし》をお救い遊ばしたのである。(中略)

ダムダム弾や毒ガス程度のものさえ、戦争には禁ぜられている。国際条約により禁ぜられておる以上のものを、武器として研究することは既に条約違反であり、正義の放擲《ほうてき》であり、人道の無視である。さらにこれを製造し、戦場に使用するは罪悪である。さらにさらに、これを無辜の市民に無警告に用うるにいたっては、人類の仇敵として一日も許すべきでない。米国がその肇国の国是たる正義人道をみずから放擲したのは、みずから敗けたりというべきである。（後略。先の出典の続き。傍点は筆者）

＊

「戦争は、消えたのだ。負けたのではない。けれども形式の上からは、日本の敗戦とされよう。耐えようもなく悲しく苦しいことだけれど、これに耐え忍び、片々たる三十年、五十年の世の変転でなく、三千年の光栄ある歴史に思いを致さねばならない」

御詔勅の要旨を伝えてから、佐三は自分の話に入った。

私はこの際、店員諸君に、三つのことを申し上げます。

一、愚痴をやめよ。

二、世界無比の三千年の歴史を見直せ。

三、そして今から建設にかかれ。

愚痴は泣き声である。亡国の声である。婦女子の言であり、断じて男子のとらざるところである。ただ昨日までの敵の長所を研究し、とり入れ、己れの短所を猛省し、すべてをしっかりと肚の中にたたみこんで、大国民の態度を失うな。

三千年の歴史を見直して、その偉大なる積極的国民性と、広大無限の包容力と、恐るべき咀嚼《そしやく》力とを強く信じ、安心して悠容迫らず、堂々として再建設に進まねばならぬ。（後略。『出光五十年史』より）

そして仏教や儒教の伝来を説き、それによって一時は混乱しても、忽《たちま》ち咀嚼し吸収して、わがものとしてしまうすばらしい国民性に言及した。仏教も儒教も、その誕生の地において亡び、または衰えて、ひとり『神州日本』においてのみ生々発展している。仏教や儒教にとどまらず、芸術万般にしてもそうである――。

敗戦僅か二日後の演説であるけれど、出光は日本人としての主体性を堅持し、歯に衣《きぬ》を着せず、いいたいことをすべて、はっきりといった。

そして、最後にやっと出光のことに言及した。

さて、われわれの出光は、人間尊重の旗印のもとに、自治すなわち自己完成、団結すなわち『大家族主義の行者』として、三十年間を終始して来た。

このわれわれの行き方は、いままで一貫して変更の必要を認めなかった。今後も永久に、変わることがないであろう。

しかし、残念ではあるが、事業そのものは近く消え失せる運命にある。惜しい思いがする。

けれども政府は、出光の人物本位の能動的な行き方については、いまは十分に知っている。私は従来、出光は事業そのものを目的とするにあらずして、それを通じて国家に示唆するを使命とする、といって来たが、政府もまた、この出光の『行者』たちに期待するところがあるのは、言を俟《ま》たない。戦後の難局に際して、暫《しばら》く経過を見たいと思う」（『出光五十年史』から）

出光はそう語って、記念すべき日の長い演説を終わった。

そしてこの演説の全体を速記させ、ガリ版刷りにして、全社員はもちろん、友人知人などにも配った。また、やがて外地から引き揚げてくるであろう八百人の社員たちのために、保存させた。

そのガリ版刷りをもらった者が、みなびっくりした。

中国での石油問題や、南方の石油配給要員の問題など以来、特に佐三とは親しかった参謀本部の永井八津次少将などは、おっ取り刀で出光館に駆けつけて、顔色を変えて佐三に怒鳴った。

「こんなものを印刷して、進駐軍に見られたらどうするんだ！　すぐ回収して焼いてしまえ！」

そのほか、出光を愛する友人たちは、みな同じような忠告をしてきた。

けれども、出光は動じなかった。

「そうかなあ」

笑っていって、相手にしなかった。

業《ごう》を煮やした永井などは、出光では駄目だと、総務担当取締役の林安平などを捕らえて「焼け焼け」と迫ったが、林は「ハイ」と返事するばかりで、一向に焼こうとはしなかった。

そのガリ版刷りは、もう紙がボロボロになり、変色してしまったけれど、いまも出光の社内にある。

人間尊重の出光は、終戦に慌てて馘首してはならぬ。

（前略）ひるがえって出光を顧《かえり》みると、内地に於ける事業は戦時中統制会社に取られて、ホンの型計《ばか》りのものが残って居るに過ぎない。台湾、朝鮮、満州、支那、及び南方全域地の事業は原子爆弾によりて消失した。出光は内地に於ける資金は海外に投資し、其の利益も相当巨額に達して居るが、其の元金も利益も海外から取り寄せなかった。従って出光としては、内地に借金が残って居る。事業は飛び借金は残ったが、出光には海外に八百名の人材が居る。是が唯一の資本であり、是が今後の事業を作る。人間尊重の出光は、終戦に慌てて馘首《かくしゅ》してはならぬ。（昭和二十年九月十五日、『詔書奉読式』での訓示。『我が六十年間』第一巻より）

＊

その日に出光は、毎月十五日を『詔書奉読の日』と決めた。皇居と宗像神社に拝礼ののち、社員たちに訓示することとした。

八月下旬から九月にかけては、内地で防衛に召集されていた者たちなどが、ぽつぽつ復員してきた。復員した者たちは、ただちに業務につこうとした。

「さア働こう！　みな頑張ろう！」

いってみても、働く職場がなかった。

その仔細は、前記の出光の訓示の通りである。

海外にばかり投資し、海外でばかり事業を営んできた。原子爆弾一発でそれが消え失せてしまったいまは、世界のどこにも、働くべき職場がないわけであった。

にもかかわらず、敗戦一カ月の九月十五日に、佐三は「一人も馘《くび》にしない！」と宣言した。一人といえども、路頭に迷わせることはない、と宣言した。

すばらしい英断である。

経営者の鑑《かがみ》といっていい。

けれども、果たして、それは可能なのだろうか？　世間では、会社、工場は閉鎖され、「一千万人の失業者が出るであろう」と取り沙汰されている。そんな時代に、何の設備も、事業も、金もないところへ、千人近い復員者を迎え入れて、一人も馘にしないで済むものであろうか？

だが、出光の社員たちは、少しも動揺しなかった。

「店主が馘にしないといっておられるのだ。馘になるわけがない！」

みな、信じて疑わなかった。

「出光では、一人一人の社員が資本だ」

「一人一人の社員に、その職場の全権がまかされている。一人の社員が動くことは、資本が自ら動くということなのだ。期して待つべきではないか」

耐え難い生活の苦しさにも耐えて、一同は佐三の命令を待った。

活眼を開いて眠っておれ！

まだ仕事は見つからないが、人間暫く眠る時間も必要である。暫く各地に待機のまま、眠っていよ。しかし、活眼を開いて眠って居れ。（昭和二十年十一月十五日『我が六十年間』第一巻より）

＊

その一面でみな、必死に仕事をさがした。苦労の一番きびしかったのは、やはり佐三だったろう。その間にも、現実の復員者は相次いでいるのだ。

「やはり、石油に取り付いてみよう。それが一番だ」

十月になると、石油の統制会社へ何度も行って、戦前に持っていて、統制だといって取り上げられた地盤を、何とか返してもらえないかと談じ込んだ。

統制会社の社長は堀江平重郎といって、日本石油の出身だった。出光は日石の代理店の出で、その意味では親戚同然である。

もっとも、戦争中の十七年三月に、日本石油その他、全石油会社の採掘権は、帝国石油という国策会社に吸収されて、それ以来、日石と出光も他人になっているのではあったが。

「駄目だよ。こっちがあっぷあっぷだよ」

堀江はいった。堀江が日石の販売部長だったころから、出光とは親交があった。にもかかわらず、断わられてしまった。

堀江の側からいえば、それも、もっともだっただろう。商売の『もと』になる石油が、極端に——ゼロといっていいほど、乏しいのであった。

——開戦の時には、あれほど備蓄油を持っていたし、開戦後の蘭印産油も、十七年から十八年前期までは、ひどくうまくいっていた。戦争前年の昭和十五年が千三十三万キロリットルだったのに対して、十七年が四百十二万キロリットル、十八年に至っては七百八十九万キロリットルと、戦前の八割に近い復興を示していた。

「石油問題はすでに終わった！」

と、東条首相が議会で胸を叩いたほどであった。

それが、十八年の後期からは、ドカ減りであった。アメリカの空襲と、潜水艦による魚雷攻撃であった。ことに、数次にわたるソロモン海戦に敗《やぶ》れて、日本軍が十八年二月にガダルカナル島を撤退してからは、戦勢はアメリカの押せ押せムードであった。十九年になると、日本は油槽船団が潰滅的に撃沈され続け、備蓄油は使い果たした上に、内地への油の輸送など、考えもできないほどの惨状になってしまった。

日本内地の石油タンクというタンクは、みな空っぽになってしまった。敵の空襲大部隊を要撃しようにも、味方は戦闘機数機を飛ばすガソリンさえなかった。

貯油タンクは、ついに屑鉄とされた。村々には、松の根から航空燃料を取る、松根油つくりのカマが並んで、その数は三万四千にも達したといわれ、奉仕の学徒たちが汗を流したが、そんなにしてつくられた松根油で、飛行機が飛んだという記録はない。

——そんな具合に、日本は戦争末期から、極端な油日照りだったのである。いわんや終戦後に、「はい、売って下さい」と、出光に渡すほどの石油を、統制会社といえども持っていようはずがなかった。

「じゃァもう頼みません。これ以上、決してあなたに頼まん。ただし石油の配給権くらい、実力で取ってみせるから、そう思っときなさい」

何度目かの訪問の時に、そういってタンカを切ってしまった。もう統制会社へは頼みにいけなくなった。

七章　再生

人間の力が残っている！

人間の力が残っている！

終戦直後、私は店員を馘首《かくしゅ》しない事を言明しました。終戦により大東亜地域に於ける出光の全事業は消滅したのである。内地の石油業は石油配給統制会社に取り上げられて、形ばかり残って居るに過ぎない。八百の店員に職を与えねばならぬ。学校を出て直ぐ入営して今日に及んで居る人だけでも、やめて貰ったらという説が出たのも無理はない。大部分退店さすのが常識と思う。然《しか》るに私をして軽々と全店員を罷《や》めさせないと言明さしたのは、もちろん大家族主義にもよる事であるが、其の実、店員諸君が私の口を借りて自ら言明したと見るべきである。即ち人の力である。私は事もなげに出光の復興を信じて居た。これは合理的熟考の結果でなくして、即興の直感が私を斯《か》く言わしめたのである。私の心の底に潜在して居る人の力に対する信頼感が斯くせしめた。それから間もなく重役（そのころ山田、林、原田、山本の諸君）は、出光は事業も資産も無くなって居るが、多くの店員が残っていると、私を慰めて呉れた。（『出光五十年史』より）

＊

出光はあせった。八百人の在外要員は、あすにも引き揚げてくるかもしれない。

その八百人は、どんな具合に各地に散らばって働いていたのか？

まず満州には、石油専売の端末機関として、新京、奉天をはじめ九つの店があり、男女六十一名の社員が働いていた。

関東州には、大連に男女五十名。

中国本土には、華北に北京はじめ二十一の店舗があって、男女の社員が百四名。華中には、上海を総本拠に、十四の店舗に男女百十四名。華南は広東など四店舗で、男女二十六名。

さらに南方の『新戦場』に目を移すと、ここは男子ばかりが陸海軍の軍属として軍政部の中に『石油班』を編成して勤務しており、うち比島（フィリピン）、マレー、スマトラ、ジャワ、ボルネオ、ビルマ（現・ミャンマー）が陸軍の管轄で百四十二名。セレベスその他海軍地区にも同様十名が勤務していた。

他に、船員が男子七十名。これらを集計して、五百七十七名の男女が、これらの地域で働いていた。

さらに、当時は海外ではなかった『植民地』を見ると、朝鮮には京城その他計四支店に男女四十一名が勤めており、台湾は台北など五支店に同五十三名が勤務していた。

これらを総計して、外地勤労者は六百七十一名で、さらに入営、応召中の者が百八十六名いた。敗戦の結果、引き揚げないし復員を予想される総計は、八百五十七名であった。植民地の勤務者には家族同伴者もいて、これらをすべて見込むと復員者は千名を超えることが予想された。

これに対して、内地勤務者は、東京、門司《もじ》の両本社に、名古屋、九州若松、別府、新潟、大阪、下関の各支店を合計して、僅《わず》かに男女百四十九名であった。内外地を総計すると、全社員数は千六名となる。

仕事が続いていても、総計百五十人ほどで間に合っている職場へ、八百人ないし千人を受け入れようというのは大変である。しかも仕事は、続いていない。原子爆弾で一切が吹き飛んで、今や仕事の『シ』の字もない。

「私は、出光そのものの前途については、大して心配はしなかった」

と、佐三は後になって述べているけれど、そうばかりだったとは、とても信じきれない。

仕事を求めて東奔西走する佐三は、社員ぐるみの『売り食い』であった。「出光が自殺した」というデマは、何度も流れた。聞いた人は、誰もが「とうとう……」

と思ったというが、そういう客観情勢だった。

「見ておれ、必ず再起してみせるぞ……」

佐三はそう考えて、唇を嚙み締めて頑張ったが、眠られぬ夜半などには、自分の来《こ》し方を振り返ってみることもあっただろう。

「俺も、すでに六十一歳だ！」

ふと気付くことがある。明治十八年『乙酉《きのととり》』の生まれである。そして昭和二十年は、同じ『乙酉』である。数え年では六十一歳で、いわゆる『還暦』である。普通の会社員なら、定年を過ぎておツリがきている歳である。

それが、その歳になって、なお『再出発』しなければならないとは、何という因果なことであろうか。しかも、いかに「人という資本が、帰ってくる」と力んでみても、所詮、目の前では『千人の復員者』としか考えようのない、重荷を背負ってである。

それは、普通の『創業』よりも、いっそう困難な仕事ではあるまいか。けれども佐三は、どんなにしても成し遂げなければならない義務を感じる。

ラジオ復旧の仕事から

仕事は小さかったが、間もなくやってきた。神奈川県庁の発注であった。同県下の羽沢山というところに、戦争中ドイツの潜水艦が積み残していったという潤滑油が五千本ほど隠されてあって、それを探し出して、東京の三田の倉庫まで運ぶという仕事であった。悪路とイバラに苦しめられるひどい仕事ではあったが、出光の連中は、喜び勇んでその仕事に飛びついた。

同じころ——二十年の十一月の初めに、海軍大佐で軍令部員だった長井弘介という男から、「ラジオの修理の仕事をやってみないか」という話が持ち込まれた。

「GHQが、占領政策の周知徹底のために、ラジオの普及を念願しているんだ。日本には約八百万台のラジオがあるが、半数が焼け、残りの半数が故障で、使いものになっているのは二百万台だけだそうな。それを、GHQが通信院に申し入れて、修繕して一年以内に八百万台に戻せということになった、というんだ。そのための資材は特配するというんだが——どうだ、やってみないか」

その話を聞いたのは取締役の山本平八郎だったが、山本はすぐ出光の耳に入れた。出光は、長井に会おうといった。長井は福岡県の出身で、出光の後輩になり、まんざら面識がないわけでもなかった。

「その仕事は、『大地域小売り業』という私の主張にぴったりだ。ぜひ取り組んでみたい。ところでこんな仕事は、発案者自身でないと、気合がかからんもんだが……どうだ、君自身がうちへ来て、部長になってやってみないか」

会うとすぐ、出光はいった。

「全国に三百店ぐらい、すぐラジオ部の店を出すんだ。一切の指揮をとってもらいたい」

話はすらすらと決まって、出光はラジオに乗り出すことになった。海軍出の技術者を一店当たり三人ほど採用して、それと、営業担当として出光の社員二、三人と組み合わせて、全国で旗上げしようという計画であった。通信院や商工省との連絡も、すぐついた。

「創業資金はどのくらいかかる?」

出光は、長井にたずねた。

「はあ、本当は見当がつきませんが……まあ五百万円もあればと……」

「そうか。君のラジオ部の資金だ。君自身で調達に銀行を回りなさい」

第一、東京、三井の三行に紹介だけはしたが、その上の面倒は、出光はみなかった。いや、裏側では何かと突っついたかもしれないが、表立って応援する姿勢を、長井には見せなかった。長井は、生まれて初めての銀行回りを、てくてくやるしかなかった。むろん、金は、容易なことでは出なかった。

(出光さんには、応援して下さいなどとは、口が裂けてもいえない!)

長井も『海軍精神』で、断わられても断わられても、銀行に体当たりであった。その上、長井は、目の前で、引き揚げ者を受け入れるための佐三の苦心惨澹《さんたん》の姿を見ている。

羽沢山の潤滑油の仕事が進み、ラジオの計画が持ち込まれたころには、すでに引き揚げは、現実に始まっていたのである。

ラジオを通じて、真に働く姿を示そう。

ラジオの事については、私はいう資格を持たないが、ラジオ復旧は現在の急務なるにかかわらず、数百万の受信機が壊れたまま放置されて居る。所有者は其の修理に悩んで居る。此の修繕は国家的、社会的奉仕である。それには全国的に数十、数百の修繕所を直営して行く外はない。大地区大組織小売り業の行き方と大体に相通ずる。素人である私がこの仕事を取り上げた訳である。

もちろん、ラジオの修繕と普及そのものが、国家的に重要なる事業であるには相違ないが、私はかねての信念の上から、『吾々はラジオの事業そのものを目的とするにあらずして、人間の真に働く姿を以て、国家社会に対して重大なる示唆を与うるものなり』と絶対に希望する。この信念の実行なくしては、出光のラジオ部は無意味である。ラジオ部を通じて人間尊重、人間の真に働く姿を実現してこそ、出光存続の理由あり、外地よりの復員者の期待をも裏切らず、新たに入社する人々も使命を感ぜらるると思う。（中略）

数十、数百の店舗を設立するには、一店を一青年に任し得る、尊重すべき人を持たねばならぬ。精神的に、技術的に事務的に、団体的にまず自己を尊重し得る人であり、他人より尊重される人であらねばならぬ。此等の人が国家社会の為に働く姿こそ、人間の真に働く姿であり、この姿こそ新日本建設の基礎である。吾々は創作に努力せねばならぬ。これまでの出光は人間を造り実力を養うことに三十年を費やしたが、これからは創作を完成することに邁進せねばならぬ。そして一日も早く完成せねばならぬ。（昭和二十一年二月一日『我が六十年間』第一巻より）

＊

引き揚げ部隊の第一陣となったのは、南朝鮮からであった。二十年の十一月十二日に博多に着いた京城引き揚げ家族三十五名を先頭に、南朝鮮は年内に引き揚げを完了した。北鮮からは、消息がなかった。

台湾からは、翌二十一年の三月から引き揚げが始まった。

満州は悲惨なようで、二十年中は消息が摑めなかったが、二十一年の中ごろからぽつぽつ帰ってきた。

中国本土も同様だった。けれどもこのあいだを縫うように、いろんな幸便に託されて満州や中国本土からも情報があった。

他の会社には悲惨な目にあったところも多数あったが、出光の要員は、普段から中国人、朝鮮人などの従業員と分けへだてなく付き合ってきていたせいか、敗戦という非常の時に際して、中国人や朝鮮人の従業員から大切にされた。

特記すべきは満州新京の一例で、日本人はすべて狩り上げられて、支店に残るのは朝鮮人の運転手一人きりになった。

それが、出光の連中と必死で連絡を取って、その情報を持って汽車で朝鮮の京城まで帰り、出光の京城支店にその情報を届けておいて、自分は再び汽車で新京に帰った。

その情報が幸便で東京にもたらされて、出光本社では満州の情勢を知ることができた。

こうして、帰還者の受け入れ準備などで、出光は寸暇もない。支出ばかりは嵩《かさ》むけれど、収入はないので、好況時に買い集めていた書画骨董などの売り食いであった。出光が発狂したとか、自殺したとかの噂も一再ではない。

そんな出光を煩《わずら》わしてはと、長井は慣れぬ銀行通いを一人で続けた。

とうとう、金が出た。

二十一年の一月四日であった。

第一銀行から六百万円、東京銀行から四百万円であった。

「金が出ました。合わせて一千万円あります」

「そうか。よかったじゃないか」

「予算の二倍ありますが……どうしましょう？」

「君のラジオ部の資金だよ。余ったら、将来必要と思われるところへ使っておきなさい」

「はい」

長井はそれで、予備の資材を購入した。

すぐ、『店づくり』が始められた。将来いつでも石油店に転換できるように、全国の主な海岸寄りの町を選んで、一戸建てが借りられぬ時には階下だけとか、離れだけとか、または『土間』だけというのもあって、営業所兼修理工場にした。とりあえず五十軒ほど、そんな店を作って、海軍出の技術者と在来の出光社員のセットで、すぐに住み込んで働いた。

電気の技術者などは、もともと出光にはいない。長井を通じて旧海軍の世話で始まった仕事だったから、海軍の技術者を使うのが当然だったが、仮にそうでなくても、旧海軍からかどこからか、技術者は新規採用するしか仕方がない。こうして出光は、この苦況のただ中で、またまた百人を超える人員を背負い込んだのであった。

さて、こうして『電気部』すなわちラジオ事業部は、二十一年の一月四日に発足した。

どの町のラジオ店も、だいたい似通ったものであった。例えば近越健治は沼津で海軍の残務整理をしていたのを、すすめられて沼津の店へ入店した。発足後、間のない二月のことであった。

一間《けん》（約一・八メートル）くらいの土間の軒先に、真空管や電球を並べて売った。従業員は四人で、かわるがわる近所にラジオの修理にまわった。薬なんかも売った。そうしないと食べていけない状態だった。

問題は部品などの資材にあった。資材は軍の払い下げと、他の電気品会社からの購入に頼っていたが、電気品会社からの入手は困難で、一同苦労した。本社によく部品を取りに行ったが、それでも足りなくて、御徒町《おかちまち》に買いに行った。沼津は漁港だから、後には漁船の特殊な需要が多くなって、他の多くの店よりは恵まれていた。でも、生活は苦しく、それは全国どこの店も同じだった。

使命は、果たしてきました。

「あの時にね、石田君の第一の言葉が面白いんだ。『私どもは戦争には敗けましたが、店主に授けられた使命は、完全に果たしてきました』という報告で、僕はそれを聞いてうれしかったね」（昭和二十一年二月『出光五十年史』から）

＊

そのうちに、復員が本格化した。

二十一年の二月十二日には、陸海軍の『軍属』として徴用され、南方で『石油班員』として働いていた石田正實たち十七名が、石油班員の復員第一号として帰国した。

出光から出ていた石油班員は、陸海軍合わせて百五十二名であった。その成り立ちの由来についてはやや後述するが、ともかくそれが、現地では陸軍は比島、ビルマ、ジャワ、マレー、スマトラの四つの軍政監部と、北ボルネオの守備隊司令部に分属し、海軍はセレベス、南ボルネオ、小スンダ、セラム、ニューギニアの各民政府に分属して、それぞれ『石油班』を構成していたのであった。

そのうち、第一陣として復員したのが、石田たちマレー班員なのであった。捕虜になって、シンガポールの東南のレンバン島という島で暮らしていた。帰還は三年後になるか五年後になるか判らぬというので、食糧自給のための菜園づくりを始めていた。

ところが二十一年の一月末に、突然迎えの船がやってきた。駆逐艦『神風』で、エンジンが片舷しか使えないというボロ船であったが、そんなことはどうでもよい有難さであった。

二月十二日の夕方、浦賀に着いた。海岸から宿舎になっている元航空隊基地までの道路で、石田は道に大根の葉っぱが落ちているのを見つけて、「ああ、内地の食糧事情は、まだ大丈夫なんだな」と安心した。

基地でDDT（殺虫剤）をかけられ、翌日は東京に出る許可が与えられた。石田は仲間の江藤猛と二人で、国電の有楽町まで来た。下車すると、見渡す限りの焼野が原であった。

「会社は、焼けてしまっているよ」

「うん、きっと残ってないに決まっているねえ」

心細い会話を交わしながら服部時計店（現・銀座和光）のあたりまで来ると、行く手に聳《そび》えている焼け残りのビルに、『出光館』という金文字の看板が掲げられているのが、まるで光り輝くように見えた。あとで知ったことだが、爆撃で火はいったんは出光館にも入ったが、警防団が全力を挙げて、消し止めてくれたということであった。

「おい、あったぞ！」

「焼けてなかったぞ！」

二人は思わず駆け出して、『出光館』のビルに飛び込んだ。

一階、二階では挨拶もそこそこに、三階の店主室に駆け上がった。折よく出光は在室して、目を丸くして帰還者を見つめた。

「ただいま帰りました！」

石田は、直立不動で挨拶した。

「戦争は、不幸にして敗戦となりましたが、私どもは負けませんでした。出光人として、店主から壮行の時に授けられました使命は、果たして参りました！」

目を輝かせて、石田は報告した。

「うん」

と、出光は立ってきて、にこにこと二人の手をかわるがわる握り締めた。

「有難う。よくやってくれた。君たちの働きぶりは、私はもう聞いているよ。アンチ出光だったある軍人が、南方から帰還してわざわざ私を訪ねてきたんだ。その男がいった。『いや、感心したよ。君んところの連中は、よく働く。骨身を惜しまない。見事に統制が取れている。俺はこの目でそれを見た。もう、アンチ出光だなんてことは、金輪際いわないよ』ってなあ。おかげで、私まで肩身が広かったよ。有難う」

そして出光は、乏しい中をその夜は二人をすし屋に招待してくれたが、窮乏生活で小食に慣れている二人は、折角のご馳走もたくさんは食べられなかった。

「私どもは負けませんでした」

「使命は、果たして参りました！」

と、石田はまず報告したが、それは、どういう意味だったのだろうか。

南方での石油現地配給

話は、戦争中の昭和十七年にさかのぼる。

日本が太平洋戦争に突入したのは、蘭印の石油を求めてであったが、緒戦でそれが果たされた。

「軍が使い、内地へ送ったあとの石油の現地民への配給を、どんなにするか。すぐ立案して、報告せよ」

陸軍省整備局の燃料課から、南方総軍へ諮問が出たが、その答申を見て、燃料課長の中村儀十郎大佐は、頭を抱《かか》えてしまった。

現地に壮大な石油国営公団をでっち上げて、昭南（シンガポール）に本部を、各地に支部を置き、総裁、副総裁、何々、何々と並べ立て、総勢二千名から二千五百名にも及ぶ大組織にして、各石油会社の重役幹部もそれぞれ役付にして、飾り立てようというものであった。

「弱ったなア、誰がこんな悪知恵を付けたんだ⁉」

中村は、なまじ諮問したばかりにえらい目にあうと、弱り果てた。商工省出身のKというのが現地へ行っていて、それが業者と馴れ合いでこんな案をつくって、何も知らない現地軍の担当将校に押し付けたものに違いなかった。

中村が弱り果てているところへ、貴族院議員で石油会社社長の出光佐三が面会を求めてきた。会ってみると、その問題であった。軍の案はどうなのかと聞く。答申案を伝えると、出光は腹を抱えた。

「そんなバカな！　僕だったら、二百人でやれますよ」

「本当ですか？　しかし、担当地域は南方全域ですよ」

「ああ、やれますとも」

「それじゃ、とりあえず一カ月以内に、百名の石油要員を宇品《うじな》港に集めてくれますか？」

「ああ、何でもないですよ」

「じゃあ、やってみて下さい」

そういった次第で、中村は現地軍の二千五百人案から、出光の二百人案に乗り換えようと決心した。第一、二千人からの大部隊では、潜水艦横行の危険海域へ送ることさえ至難だ。

中村は、内閣資源局へ出向して事務官をやっていたこともあり、思考の幅の広い、偏見にはとらわれない、軍人としては稀《まれ》な人物であった。出光とは以前から親交があり、出光が満州国の石油専売に果たした手腕功績や、また北支、中支での石油問題に対処した実力などを熟知していた。

中村は、その対談を基礎にすぐ立案したが、でき上がったプランに対して、現地軍の反発は物凄《ものすご》かった。特に、そこに出光が介在していることを知ると、その反対は狂熱的であった。

「なに、出光⁉　あれは国賊じゃないか。利権屋にすぎんじゃないか！」

例の一時上海あたりで聞かれたデマであった。上海から移駐してきた部隊が中心になって、出光がやってきたら、ぶち斬ってしまえと、大変な剣幕であった。

中村は、その鎮圧にも苦慮した。苦心して整備局長と出光を会わせ、また陸軍次官の木村兵太郎の諒解を取ることに奔走した。

次官の同意を取り付けると、中村は陸軍省を代表して南方総軍と連絡を取り、その代表者を東京に招いて、膝詰めの談判をして納得させた。そしてすぐに、大臣の決裁を取った。

「南方占領地での民需石油の配給は、軍直轄とする。その実施部隊には、軍属としての出光社員をあてる」

すなわち、『出光社員』二百名のみをもって、南方石油の現地配給事務は一切を賄《まかな》う、というものであった。

これでもまだ『反対』を申し立てるなら、それはもう『抗命』である。そうなれば、軍司令官といえども容赦できないと、中村は悲壮な覚悟を固めた。

石油部隊の第一陣を送り出すにあたって、出光は七月八日、帝国ホテルで壮行会を開き、左の『壮行の辞』を贈った。

使命

過去三十年間体得したる不退転の信念と、超越せる経験とを生かして、国家に奉公の誠を致せ。

壮行の辞

三十年の試練によりて吾人は如何なる時勢の変転にも超越せる確固不動の人生観を体得し得たのである。現下国家の急に奉公し得る唯一の道は、この貴重なる信念を南の新天地に活用することである。過去の旧天地は因襲情弊錯綜して真の奉公の妙諦《みようてい》を発揮する機を得なかったのである。南の新天地は白紙である。些かの因襲情弊なし。吾人はこの白紙の天地において、広大複雑と称せられる難事業を、簡単容易に綜合統一し、以《もつ》て人の真の力を顕現せんとするものである。是れ単に石油配給上の一些事《さじ》と考うべきにあらずして、よってもって国家社会に対する一大示唆となすべきである。而も吾人のみに課せられたる大使命たるを自覚すべきである。白紙の新天地こそ、天より賜わる人力示顕の絶好の機会である。諸君は行ってこの一大使命を果たされよ。世の中の批判や、一出光の立場のごとき之を顧みる要なきは論を俟《ま》たず、是に贅言を加うるのみである。

こうして出ていった石油班であった。その見事な統制と働きぶりと、また多数の現地人を使っての鮮やかな仕事ぶりは評判で、遥か銃後の出光の耳にまで届いていた。

その連中が、今や帰還を始めたのであった。重い負託を背負って出ていっただけに、帰還第一陣の石田は、その負託に応え得たことを報告すべき責務を感じたのであった。

食うために何でもやった

このころの出光は、手あたり次第に何でもやった。筋の通った仕事を数えると、茨城県の石岡で酢、醬油の醸造をやった。三重県の木ノ本では水産会社を営んだ。山陰の大山《だいせん》の麓では、開墾をした。東京では印刷会社を営んだ。

以上は本店がタッチしている、いわば出光として表面にも押し出せる仕事だが、そのほか支店一存で営んだヤミ稼業といえば、枚挙にいとまない。

ヤミでも何でも、やれることはすべてやらなければ、大勢の社員を食わしていけない。いわんや今後復員する者も、「一人も馘《くび》にしない」と公言してあるのだから、幹部の心情は悲愴だっただろう。

ラジオの店は、全国を通じて五十店ほどが経営された。最初の計画よりは、だいぶ少なかった。新しくできる店があるかと思えば、廃業する店があり――で、結局、店の数は増えなかった。

儲かったかというと……何とも答えられなかった。修繕を頼まれると、九〇パーセントまでは真空管がいかれていると判っているのに、テスターを引っ張り出してあれこれやってみたり……何かと手数のかかった顔をして、修繕代をいただいた。

自家発電装置の面倒を見たり、漁業無線やなんか、「南洋まで届く」などと大きなことをいっては高い金を取ったが、それでも半数が海軍上がりで、武家の商法とて全体としては「儲かった」とはいえなかった。

ある時、ある海軍出が、九州から東北の某地まで行って漁業無線を売ってきた。それが、えらく「儲かった儲かった」と自慢しているので、石田が、からかい半分に聞いてみた。

「たいそう儲かったそうだが、君の旅費やなんかはどうなったの？」

「それは儲けの中から出せるでしょう」

「うん。すると、君の給料や、本社経費なんかはどうなの？」

「え？　本社経費って、何ですか？」

「社屋の家賃とか、電話の交換手や自動車の運転手や、小使さんの給料とか――全体にかかってくる経費だよ」

「あれッ！　そんなものまで、僕の儲けから出すんですか⁉」

無理もなかった。海軍はそれこそ親方日の丸で、『本社経費』の心配なんか、誰もしないでいいわけであった。

そんな具合だった。大山の麓の農園が、このごろ卵が売れてひどく景気がいいという話だった。ところが期末になると、そこから利益は上がってこなかった。

「卵の儲けは、どうなったんだ?」

聞いてみると、

「弱ったな」

と、担当者は頭をかいた。

「実は……エサ代を計上することを忘れていたんです。期末に、その請求が一度に来まして……」

どの企業も、さんざんであった。結局は出光が、書画を売ったり、できるだけの借金をしに走り回ったりした。

戦時下の海軍もできなかった

昨年の春から海軍のタンク底油の集積が命ぜられた。前艦政本部員松田大佐の話によれば、「この油は戦時中これを集積し、再製するために研究されたけれども、戦時中の海軍の威力を以てしても不可能事として放置された。それを出光が引受けたが、どうするだろうかと興味を持って居た」との話であった。

道理で吾々も、機械力にては如何とも致し方なく、遂に店員の手により汲み出したのである。現在の労働者を雇ったのでは、此の大責任を全うする事はできぬと思って、出光の人々が大学出を初めみんながタンクの中に飛び込んで、一カ年半を費して不可能事を遂に可能とした。市価に見積っても幾億円の廃物を国家の為めに（活用品として）産み出したのである。偉大なる努力であり、各方面の人々を感動せしめたのも当然である。（昭和二十二年十一月十五日の講演。『我が六十年間』第一巻より）

＊

敗戦から数カ月のあいだ、石油に関する法律は、片っぱしから廃棄された。けれども、代わりの法律は、できてこなかった。

日本は、『石油』に関しては、文字通り素寒貧《すかんぴん》であった。敗戦直後の石油保有量は四十五万キロリットルに過ぎなかったといわれ、これは開戦時の保有量、六百七十八万七千キロリットルの僅か七パーセントに過ぎなかった。

そんな貧弱な油では、まともに冬を越すのも覚束《おぼつか》ないほどであった。しかも太平洋岸の製油所は、敗戦以来すべて操業が禁ぜられたままであった。

東久邇宮《ひがしくにのみや》内閣は、こんなことでは国民生活が成り立たないと、GHQに石油の輸入を懇請したが、認められなかった。けれどもその代わりに、二十年の十月十三日に『日本の石油製品に関する覚書』なるものが発表された。

「日本には、廃油がある。それらを含む石油製品の在庫は、内務省を通じて必要産業、および消費者に、正当なる機関を通じて配給されなければならない」

そのほか占領軍用の灯油若干量が、十二月に「国民のために」放出された。

さて、十月十三日の覚書にもとづいて、ＧＨＱ参謀本部・兵站《へいたん》部燃料補給班のアンドレ・チャンなる人物が発言した。

「日本には、旧海軍のタンクの底に、廃油が残っている。あれを取って活用せよ」

商工省は、その呼びかけに応じた。とりあえず石油配給統制会社を窓口に、『タンクの底さらえ』をする業者を求めた。

ところが、どこにも応募者がなかった。戦争末期に、あんなに石油に困っていた海軍でさえも手を付けなかったといわれる難物で、しかも敗戦後半年も放置されているので、タンクの中にはどんな有毒ガス、ないし爆発性のガスが発生しているか、見当もつかなかった。めぐりめぐって、その仕事が、出光に来た。佐三がそれを、請け負ってきたのである。

「やった、チャンスだ！」

と、出光全社は、どよめいた。どんな仕事でもよい、石油の端末に取りつけば、また機会はめぐってこようというものであった。

指令が出されて、「仕事があるまで」と郷里で待機中だった面々が、復帰した。まだ全員ではなかったけれど、全員にまでふくらむ希望の持てる仕事であった。旧海軍の燃料タンクは、全国の八カ所にあった。徳山、佐世保、舞鶴、呉、四日市、横浜、大湊、および北海道の厚岸《あっけし》がそれであった。

八カ所に、社員百八十七人が分散配置された。

比較的多くの人数が行ったのは、徳山であった。徳山は規模が大きく、直径八十八メートル、高さ十メートルの五万トンクラスのタンクが、十三基もあった。それが地下式で、殆《ほとん》ど草と土に蔽《おお》われた秘密施設であった。

現場に着いて、上から石を落として、ポチャンと音がすると、「それ、油があるぞ！」と、タンクの中へ縄梯子を垂らして降りていく。四月だったから気候は上々であったが、鼻をつく悪臭の中へ降りていって、バケツリレーで廃油を汲み上げるのは、何ともたとえようのない、ひどい労働であった。

そこにある油がどんな油かというと――例えば戦艦『大和』なんか、沖縄に突っ込んだ時は片道だけの油しか積まなかったということだが、それも菜種油に重油を混ぜたものだった。

そんな物が、徳山のタンクの底には沈んでいた。

最初は、労務者を雇って作業させることも考えていた。けれども、臨時工募集の広告を出しても、わけを知ると誰も来ない。たまに来ても、三日と居つく者はいない。ついに作業員を雇う計画は放棄して、一切を社員自身の手でやることに切り換えた。

手足も身体も、油にやられて、むくみ、ただれる。夏になると、その上にまだ汗をかき、あせもに冒《おか》される。顔といわず頭といわず油が飛びかかって、まるで油壺から這《は》い出てきた油坊主である。

闘志と団結で鳴りひびく出光の社員の頑張りであった。その出光の社員でさえ、「出光の全歴史の中で、これほど恐ろしい労働はない」と悲鳴をあげている。

この労働の実態を知る者は、みな出光職員の精神力に感服した。GHQの担当官がそうであった。中でも底さらえ作業の言い出しっぺのアンドレ・チャンなどは、ひどく感動して、「出光に損をさせてはいけないぞ」といい始め、ついには佐三の熱烈なファンになった。

正金銀行門司支店の土井田という支店長も、タンク底労働を見て感動した一人であった。彼はそれまで、正金銀行の行員こそ労働をいとわず、精神的に生き生きとしていて模範的だと考えていたが、タンク底での出光社員を知ると、それがもう、比較も何もできない存在であることに感動した。

「偉い男たちです。こんな商社が、日本にあったのかと驚きました。あんなところにこそ融資すべきです」

そういって、土井田はそれまで交渉のなかった出光に融資した。正金が『東京銀行』と名前を変えてからも貸し続け、後日になると出光の海外の事業に大いに貢献した。

タンクの底さらえの仕事は、昭和二十一年四月から、二十二年の七月末まで約一年四カ月続いて、出光は約二万キロリットルの廃油を集積した。一キロ二百五十円という安い料金で引き受けていたので、総額でも、四、五百万円にしかならず、インフレの進行と、予想外の難事業で経費がひどくかかったのとで、結局五百七十万円ほどの赤字を出した。けれども、貴重な経験を積んだことと、進駐軍を始め政財界その他から注目され、評価されたことを計算に入れると、出光は計り知れないプラスを得た。

八章

飛躍

再建は成った!

ここに出光あり

出光は、このころは致し方なく、手当たり次第の事業に手を出したが、期するところは一つ、やはり石油であった。

これに対して、進駐軍の石油についての政策は、日夜揺れ動いてまるで定見がないかのようであった。しかしそれも落ち着いて眺めると、米ソの対立――冷戦という大きな国際情勢を反映して、日本の自立、日本の経済復興という方向へ動いていた。

そして、石油の配給機構として永らく続いていた石油配給統制株式会社が解散させられて、二十二年の六月からは『石油配給公団』なるものが発足する。その公団は公共団体であって、営利を目的とせず、基本金は政府が支出するもので民間の銀行からは借りない。またその人的構成も、役職員は官吏であって、他の私企業には関係できない――などの点が明らかにされていった。

そして、その業務は、輸入・国産の石油を一手に売買するものだが、その業務の中に、『石油類の販売業者の指定』という一項があった。

それを知って、出光は緊張した。

この機を逸《いっ》してはならない。この機を逸せず、指定業者の中に入らねばならない。

出光は、上下をあげてその運動に熱中した。

佐三は、星島商工大臣や、商工省の石油課長に建議書を出していた。続いて配給に関する意見書を公表したりした。

そんなにして、販売業者の指定という一項に備えて、「出光ここにあり」というPRにつとめた。

けれども、それは犬の遠吠えみたいで、どれほどの効果のあるものか、把握はできなかった。

そんな『あせり』にも似た行動で日を過ごしていたころのある日、出光のところへ、かねて知り合いの手島治雄という男が訪れた。

手島は元陸軍大佐で、太平洋戦争の開戦時にはチリに駐在して、アメリカ海軍の動向の通報役をしていた。東京外語の出身で、何となく、匂いとしては諜報将校くさい。

その手島が、出光に、進駐軍のある将校が、石油界の情報を知りたがり、かつ石油政策についての意見を聞きたがっている。誰でもよい、日本人の見識のある情報通でよいのだが、自分も身分姓名を名乗らぬ代わりに、その男にも聞かないといっている。誰か、然《しか》るべき人を紹介してくれないかという、依頼を述べた。

「ほほう、面白そうだな」

「ええ、GHQでは現在、内心では石油については統制的な行き方に反対意見の者が多いんだそうです。それで、いずれは自由販売に持っていくとして……日本の有識者の意見を聞きたいと……お役に立ちませんか?」

「いや、立つとも。とにかく面白そうだ」

出光は笑って、石田を紹介することにした。徳山で石油タンクにへばりついていたのを、電報を打って呼び戻した。

石田は、奇妙な役目を仰せつかった。第一、連れて行ってくれるのが、誰なのか、石田は手島とは初対面でもあり、一向に知らない。相手の官名や氏名も、むろん知らない。ただ連れられて行って、会って話すだけである。

石油のこと、石油の配給のこと、その撤廃のこと、などについて、あれこれ聞かれた。氏名をいわないのだから、出光という組織とは関係ない。石田は一人の日本人として、考えていることを率直に話した。

大変礼をいわれて、また会いたいと頼まれた。石田は承知した。

こんなにして何回か会ううちに、石田は、相手がGHQ法務課のミニックという将校であることを知った。自分も出光興産の石田正實だと名のった。

「石油の配給網についていえば、日本政府は下部機関には現存のものを優先と考えると思います。けれども戦争中から生き残ってきた者には、いろんな情実、情弊があり、阿諛《あゆ》があったろうと考えられます。根本から、人間性に主眼を置いて、洗い直すべきだと思いますよ」

石田の歯に衣《きぬ》着せぬ意見に、ミニックもうなずく点が多いようであった。

こんなにしているうちに、例の石油の販売業者の指定の時期が来た。その法律の制定には、ミニックを介して石田の意見が十分取り入れられていたのだが――一面、出光は、官製的な石油界では、嫌われ者であった。

戦争中から、出光は統制には徹底的にタテついた。統制の網の中にいれば安穏なものを、屋上屋《おくじようおく》を架《か》して非能率だと痛罵《つうば》した。既得権にあぐらをかいて、競争もなく、甘えすぎていると攻撃した。それで、統制官僚や、統制の中に入った会社の連中からは嫌われ通しであった。

今度も、「出光には販売権を渡すな」ということになっていた。秘かに、資格の中に、一項が入れられていた。それは、

「内地に本社を有し、その支社が外地に活躍しありたる者は、販売実績を外地に有するも、引き揚げ者とは認めない」

という珍妙なもので、意味がなかなか判らなかった。だがしかし、それは出光一社を指しており、出光には販売権を与えない、という意味だということであった。

出光は、あわてた。全社を挙げて、あれほど期待し、取り組んできたのに、ここでそんなことでアウトにされては、たまらない。けれども出光は、今では自信を持っていた。手島が出光に入社し、そして担当者としてGHQに出入りし始めて以来、今ではGHQは出光の『内庭』であった。出光は深くGHQの懐《ふところ》に食い入っていた。

抗議を申し出て、大騒ぎしようとした。

ところが、それには及ばなかった。

GHQから、お叱りが出たのである。

「この一項目は、どういう意味か。意味不明ではないか。こんなのは、削ってしまえ!」

赤鉛筆でスパッとペケを付けて返してきたから、問答無用であった。その一項目は削られて、出光は無事、選に入った。

その時に認められた出光の販売店は、九州が十店、中国が五店、近畿が四店、四国が三店、東海が四店、関東が二店、北海道が一店で、計二十九店であった。西に厚く、東に薄いのは、出光の伝統的な地盤がそうなので、当然のバランスであろう。


人間は、人間以外のものにひきずりまわされるな、その奴隷になるな。


出光のラジオ店では、急いで看板を『石油店』に掛け替えるところもあった。そして佐三は、ぼつぼつラジオ部の店じまいの準備に移った。

発足以来の投下資本が五千万円、最盛期には二百七十人もの従業員がいて、約三万五千台のラジオを販売し、三万台を修理した。にもかかわらず、電気業界の不況もあって、ラジオ部の累積赤字は千八百万円であった。

けれどもラジオ部は、出光の「一人も馘《くび》にしない」政策に大いに役立ってくれた。特に本職の石油で、販売店指定があったこの時までは、腰掛けではあったが、大いに人手を吸収してくれた。

『全員馘にせず』とは呼号したが、落ちこぼれも一割程度はあった。その第一は、待機中に家業に従事し、そのまま落着いてしまった者である。それは、若い兵隊帰りに多かった。次に、待機するうちに知り合いの会社、工場にすすめられて入社してしまった者。それに苦しい支店の『独立採算』の中でヤミ屋をするうちに、それが身に合って、プロのヤミ屋になってしまった者もいた。

そして、そんな騒ぎの中で、『奴隷解放』という言葉が、流行《はや》り言葉になっていった。奴隷解放とはどんなことかというと、

①　黄金の奴隷になるな
②　学問の奴隷になるな
③　法律、組織、機構の奴隷になるな
④　権力の奴隷になるな
⑤　数、理論の奴隷になるな
⑥　主義の奴隷になるな
⑦　モラルの奴隷になるな

要するに、人間が人間以外のものの奴隷になるな、人間以外のものに引きずり回されるな、ということであった。奴隷的なあり方からの、精神の解放の意味である。

その①黄金の奴隷になるな、②学問の奴隷になるな、については、すでに若干を述べたが、やや再説すると——、

①は、学生時代の、特に居住していた関西地方の、日露戦争直後の黄金万能の気風に反発し、かつ神戸高商の水島、内池両先生の影響があっていい出したもので、丁稚《でっち》時代に身に沁《し》みて考えた②とともに、門司《もじ》での開店早々からいい続けた持論であった。

けれども、黄金の奴隷になるなという一方で、「しかしながら、決して金を侮蔑し軽視してはいけない」、それは自己破滅であると、黄金の尊重すべきゆえんを説いている。大いに金を儲け、経費は節約して、将来の事業資金を蓄えねばならない。但《ただ》し将来の事業の邪魔になるような儲け方はしてはいけないと一線は引いているものの、『尊重』と『拝跪《はいき》』との境界は曖昧で、出光自身も『紙一重』であるといい、『不断の修養』の力によってしか、この妙諦《みょうてい》は体得できないと述べている。

主観的には明確な『つもり』だったろうが、『但し但し』があまり付くと、客観的には拝金主義とすれすれじゃないかと、皮肉のいいたい者はいえそうである。

その③の『法律、組織、機構の奴隷になるな』は、戦争中に力説したもので、出光自身がその被害者だったから痛烈であった。

戦争中につくられた国策会社、統制会などは、各界各層の衆智と人材を集めて、理論的にはたいへん立派なようだったが、実際は無力、非能率で、背景の資本に支配され、因縁に左右され、感情にとらわれて、殆《ほとん》ど物の用にならなかった。

ことに、配給業務等に即していうと、例えば官吏などが一生懸命働いていても、実地訓練を積んでいないので見当違い、見込み違いが多く、極めて能率が悪い。それを補うためにまた会をつくったり……屋上屋を重ねて更に非能率にする。

④の『権力の奴隷になるな』は、事新しく説くまでもないであろう。

⑤の『数、理論の奴隷になるな』と、⑥の『主義の奴隷になるな』は、通じるところがある。戦後にいい始められた言葉である。

⑤について、考えてみよう。世間で民主主義といわれているものは、人間の『質』を無視して、屁理屈を並べては『数』で決着をつけていくものである。理屈と数の前に、人間は『ない』といえよう。

現在の議会などは、人間の『質』を無視している典型例であろう。それではどうすればよいかというと――大いに議論はする。主張すべきことは、とことん主張する。けれどもいったん議論が終わると、個人を離れて『無私』の環境に帰り、大局に一致合流する。これが『少数精鋭』の要諦だというが、さて実行できるか、どうか。

⑥『主義の奴隷』も、同じように論理が進められる。主義には、どのような主義にも、真理、美点がある。それは迷わず取り入れて、悪いところは捨てるのである。その基準は、『人間』である。資本主義もなく、社会主義もなく、共産主義もない。また、資本主義があり、社会主義があり、共産主義がある。その座標は、あくまでも『人間』なのである。

⑦の『モラルの奴隷になるな』は、実はこの時点よりは新しく、昭和三十四年かららいい始められたものであった。

すなわち、仏教哲学者鈴木大拙《だいせつ》と出光とは、出光所蔵の仙厓《せんがい》の絵のオークランド（アメリカ）の展覧会を通じて親しくなり、『モラルの……』も、鈴木の説示をもととして、出光が発想したものである。その交友は、昭和三十三年に鈴木が帰国してから深まった。

鈴木によれば、「モラルとは、征服者がつくったものである。征服者は、大衆を治めるために法律、組織、規則をつくったが、それを被征服者である大衆が守ることが、モラルである」という。だからモラルは、道徳のある人が施行してこそ、初めて立派な実りを見る。

それを、道徳のある人が施行するのでなしに、闇雲に飛びついて奴隷になってはならない。これが第七の訓《おし》えであり、最後の訓えであった。

以上――筆者の誤解や認識不十分な箇所があるかもしれないけれど、出光の『七つの奴隷解放』の大要である。

再建は成った！

四年前の今日、終戦の詔書を奉戴《ほうたい》し、日本再建に対する決意を堅め、其後毎月奉読式を行なうこととした。（中略）四年間を過ぎた今日の世相を、一言にして言えば、国民は敗戦国民らしく動揺を続けて居る。これに反して日本国としては、着々として再建の道を進んで居る、と言い得る。（中略）

四年前の八月十七日、私は詔書を奉読して三つのことを言った。愚痴を止めよ、三千年の歴史を顧みよ、そして直ちに再建に取りかかれ。そして外地から帰った諸君は忠実に之を守り、抑留中の尊き体験を活かし、精神的には即刻再建に成功した。そして人間尊重の伝統的信念を堅持し強化した。資本主義の奴隷より免れるために創業した出光は、如何なる主義の奴隷にもなってはならない。人を主義の奴隷たらしむるな。（中略）

人間尊重、国体尊重の信念に立つ吾々は少しも動揺しなかった。そして吾々の再建は完成した事を、本日の記念日に言明致します。昨年（昭和二十三年）の今月私は、諸君の筍《たけのこ》生活をどうにか喰い止め得る程度に俸給を増額し得た。僅々《きんきん》一年後の今日、吾々の老後も安定した、と言明し、人間尊重の偉大なる結果に驚くのである。（昭和二十四年八月十五日、『証書奉読式』での訓示。『我が六十年間』第一巻より）

＊

石油販売店の指定で新しい職場についた一同が、売るべき石油を求めてさらに悪戦苦闘をしている時に、出光には第二の喜びが訪れた。

それは、思いもかけなかった『元売り指定』であった。

話は、手島が持って帰った一つの『情報』から始まった。

「石油の元売り会社には、日本の石油会社数社を含む複数会社が指定されることになりました。但しその日本の会社というのは、太平洋岸に輸入石油を受け入れるべき貯油タンクを持つ会社に限られますが」

「なに、それならうちだって……タンクさえ持てば資格があるわけじゃないか！」

「そうですよ」

「それは大変だ。タンクを探せ！」

大騒ぎになった。但し、大騒ぎとはいっても、情報そのものが極秘だったので、騒ぎは最上層部だけのことであった。それまでは元売り会社は原油を保有する若干の外油会社に限られ、日本各社はその下で代理店になるものと考えられていた。それではというのでタンク探しに走り回って、結局三井物産が、財閥解体で洋岸タンクを売らねばならぬ羽目にあることが判った。

それは、名前が変わっただけのゼネラル物産が買おうとしていた。

「そんな不公正な話はない。公開入札にすべきだ」

それが正論だということになって、門司、長崎、宇部、大阪、釜石、ならびに釧路にある六つのタンクが、入札で売られることになった。

出光の幹部たちの、目の色が変わった。応札するにも、先立つものは『金』だ。

出光は、先の『タンクの底さらえ』以来、出光のファンになっている土井田のいる東京銀行に相談した。東京銀行は、一発で四千万円をOKした。

入札は二十三年の十一月九日であった。その方法はやや複雑で、全部まとめての入札がある一方で、一つ一つの入札もあった。出光は応札して、その全部を落札してしまった。それでGHQが「それでは余りひど過ぎるじゃないか」といい出して、持株整理委員会の調停で、折半することになった。出光は西が地盤だから、門司、長崎、宇部を取り、残りを競争相手に譲った。

出光は、三つの洋岸タンクを得た。

そして、予定の通り『石油元売り会社』へと立候補した。

さすがの佐三も、この時は胸が躍った。日本石油の特約店として、北九州の門司で開店した。それから四十年の苦闘の末に、いま、その日本石油と肩を並べて、『元売り会社』たることを争うまでに育ったのだ。

そして出光は、念願通り指定された。

二十四年の三月八日であった。前日の七日には、すでにスタンダード、カルテックス、シェルの外油三社と、日本石油、昭和石油、三菱石油、日本鉱業、ゼネラル物産（旧三井物産）の日本五社の、計八社が指定されていた。この日の追加指定は、出光興産と日本漁網船具の二社であった。計十社が、日本の石油元売り会社として指定されたのであった。

（さァ、戦いはこれからだ。本気で頑張らねばならない――）

出光は、額に皺《しわ》を寄せ、奥深くくぼんだ眼をじっとつむって、腕を組んで考え込んだ。

原油を買わなければならない。どこから買ってくるのか？　他社はそれぞれ原油を持つ外油会社と組んでいるけれど、出光一社は単独だ。いやでも、独り歩きしなければならない。

油槽船《タンカー》が要《い》る。世界の何処《どこ》からでも、自由に原油を運んでくるためには、自分の自由にできる巨大タンカーが要る。

製油所が要る。自分の製油所が要る。それも、ない。あれもこれも、何もない。

出光は、世界の石油業者という石油業者が、自分をめがけて、攻め寄せ、押し寄せてきているような気がした。

負けてなるものか！

日本人のために、負けるものかと、出光は拳を握り直した。

これからは、人間は幾らでも要る。人材が、である。

出光は、復員の八百人を、整理せずにここまで温存させてくれた神に、深い感謝を捧げた。

「俺の教育法は、間違っていなかった――」

自分の心の深いところに向かって、話しかけた。人間の才能には、それほどの差はない。あっても知れたものである。その差に期待した些々《ささ》たる能力教育はせずに、自分はいつも、社員たちの『心』の奥深いところに話しかけてきた。

これからは、社員たちが俺をどこまで信じられるか、俺が社員たちをどこまで信じられるかの戦いだ。その戦いにおいては、俺はすべての会社に負けてはいないと、出光はうなずくのであった。

あとがき

出光佐三という人は、ちょうど並の人間の二代分働いている。一八八五年（明治十八年）の生まれで、九十六年生きて一九八一年（昭和五十六年）に亡くなっているから、終戦の一九四五年（昭和二十年）は折返し点で、その前が六十年、後が三十六年になる。二十五歳で就職して、六十歳で定年だとして勤務三十五年、終戦までの三十五年がこれに当たり、終戦以後、第二の勤めを三十六年したことになる。

それだけでも驚くべきことなのに、前半、後半とも、それぞれ一流会社を築き上げている。そして、それぞれに自由闊達に発言して、自分の思うこと、いいたいことは、残らずいってしまっている。その内容は強烈な民族意識に裏打ちされて、神がかり的であり、やや右翼ばね的であるけれど、一言で右翼的といい切っては、当たらぬ筋が多いだろう。

本書は、それらの二つの人生における出光佐三氏の生きざまと、その主な発言を紹介して、昭和二十四年春の『元売り指定』という、一つの到着点で筆を擱《お》いた。けれどもその後にも、書くべきことは多いので、やや長文にはなるけれど、一種の『あとがき』として、その足跡を追うことにする（以下、業績の叙述については敬称を省きます）。

＊

『元売り指定』があったからといって、自動的に『油』がすんなり入って来るわけではなかった。出光は民族資本で、民族経営である。つまり、日本人の資本で、日本人がやっている会社であった。そして世界的に、石油の世界は、そうでなかった。

世界の石油は、殆《ほとん》ど全部を欧米の巨大資本によって独占されていた。これを称して俗に『国際石油カルテル』と呼んでいた。『元売り指定』の時にも、他の日本の会社は、それぞれに国際カルテルのどこかと組んでいた。この場合、『組む』ということは、『支配を受ける』という言葉の同義語であった。

出光だけが、組まなかった。つまり、日本としての『独立自存』で、どこの国の会社からも『支配』は受けなかった。その代わり、肝心の石油が、自由に豊富には入ってこなかった。

『国際石油カルテル』は、その構成員によって『七大メジャー』、あるいは『八大メジャー』と呼ばれていた。七大メジャーというのは、アメリカ系のエクソン、スタンダード・オイル・カリフォルニア、モービル・オイル、テキサコ、ガルフ・オイルの五社と、イギリス系のブリティッシュ・ペトロリアム、それに英・蘭系のロイヤル・ダッチ・シエルの七社の称で、これにフランス系のコンパニー・フランセーズ・デ・ペトロールを加えて、『八大メジャー』と呼ぶのである（「あとがき」執筆当時）。

戦前はそうだったし、戦後も長いあいだそうだったが、世界の石油は、これらの巨大資本によって、支配されていた。それはアメリカ国内で生産され消費される分を除いて、世界に流通する石油のうち、掘削面ではその約七割、精製面では五割強、販売面では五割弱が、その支配下にあったといわれ、世界のあらゆる地域で、これら各社の利権が複雑にからみあって、結論的には『独占』を形成していたのである。

これに対して、日本では出光一社のみが刃向かったのである。元売りとしての何の実績もなく、従って、油の確実な仕入れ先を持たない出光が、であった。

当然、出光は国際カルテルからは干《ほ》され、初めは石油の入手難に四苦八苦した。

国際カルテルに所属していない独立系の会社を探しては、油を購入しなければならず、それにも国際カルテルの妨害が絶えなかった。

こんな苦難の中でも、出光は大局を睨んで、次の手を打つことを忘れなかった。巨大タンカーの建造である。

朝鮮戦争がたけなわだった二十五年の十二月末に、出光は経済安定本部で金融局長の内田常雄をとらえて、来年度のタンカー建設計画に、出光の分を入れてくれるようにと懇請した。その願いは容《い》れられて、翌年一月に運輸省（現・国土交通省）の会議で決定した。

出光は、二十六年の三月に、当時としては『世界最大級』だった待望のタンカーの起工式を行なった。独立自存の出光にふさわしく、『日章丸《にっしょうまる》』と命名され、一万八千トンの巨船であった。

それが、その年末には竣工した。出光は、『日章丸』を駆って、アメリカ西岸への買油の旅に出た。初めはロス、サンフランシスコあたりで買えていたのが、国際カルテルに邪魔されて駄目になり、遠くメキシコ西岸を南下してパナマ運河を渡り、カリブ海に入り、北上してヒューストンあたりまで買いに行かねばならなくなった。

こんな苦労を重ねている、二十七年の春のことであった。降って湧いたように、イラン石油の輸入の話が持ち上がった。出光の弟の計助に、イラン人バイヤーによって持ち込まれたものであった。

話は断続しながらも、次第に煮つまっていった。

当時、イランの石油は、国際的な注目の焦点にあった。年間三千万トンの産油量を誇り、うち約二千五百万トンを世界市場に供給しているイランは、さなきだに世界注視の的なのだが、七十一歳の老首相であり、名だたる『愛国者』でもあったモハメッド・モサデク博士が国民議会を掌握して、前年――二十六年の三月に『石油国有化法案』を議会で通過させてしまったのである。

そして、国民熱狂のうちに、六月にはイラン石油の全権を持っていた英国系のアングロ・イラニアン石油会社を接収し、九月には、英国に対して最後通牒を発していた。

その石油を、イランは「売る」といって買い手を探しており、これに対して英国は、「買って運ぶ船は盗品故買だから、見つけ次第撃沈する」と、ペルシャ湾に艦隊を出動させて、威嚇《いかく》し監視していた。

これに対して、各国の動きはさまざまであった。最も影響力の大きいアメリカは、いつまでも英国にイラン石油を独占させておこうとは、考えていなかった。何とか割り込みを計画しているのである。ソ連にしても、同じであった。全般的にいえることは、英国は力み返ってはいても、それはポーズだけで、武力に訴えることはあるまいと見られていた。

こんな国際的な激動の中で、イタリアとスイスの企業家の共同出資による『ローズ・マリー号』なるものがイランのアバダン港に入港して、原油一千トンを買付け、積載して出港、アラビア沖でイギリス艦隊に拿捕《だほ》されて、アデン港に曳航され、いまも国際裁判の渦中にある——。

出光は、いったんは断わったが、再度のアプローチに、興味をかき立てられて、対応した。愛国的なイランの石油国有化運動に連動して、出光が日本で『愛国的』に動く。それはすべての出光人の心をくすぐる誘惑であった。万一、動乱のペルシャ湾に船出して、虎の子の日章丸が英海軍に拿捕されてしまえば——？

「まさか、撃沈はされないだろう。だとすれば、日章丸を『担保』にして英国に預ければ、イランの石油が買え、イランの人たちの『心』が買える！　日章丸は、安いものだ。こんな得な取引は、ないではないか！」

出光は、決心した。それからも簡単には述べきれない折衝は続いたが、ともかく出光は、イランの油を買った。イギリスの怒りと警告を冒《おか》して、イランの油を買うということは、独立早々の日本としては、恐ろしいほどの『勇気』の要《い》る行動であった。

日章丸は、隠密裏に神戸を船出し、秘密の航海を続けてペルシャ湾に入り、無事アバダン港に到着して、待ちかねたイラン側から船腹いっぱいの石油を買った。東京の『出光館』を中核に、世界中を電波が飛び交い、大変な騒ぎになった。東京地裁では国際裁判が開かれたが、それは出光の勝利に帰した。

本当に、大変な騒ぎであった。きのうまでの、東洋の果ての渺《びょう》たる小会社、『出光興産』は、きょうは『世界のイデミツ』であった。そしてこのような決断は、出光佐三なればこそできた、といえるであろう。

神がかり的であり、右翼ばね的であり——すべて目前の一利一害にはとらわれずに、部下に対しても『形而上学的』な訓告のみを重ねる。一見商売とは関係がないようであるが、心の底の底のところで部下たちを鍛え、その信頼を一〇〇パーセント自分のものにして——それが商売にも刎《は》ね返《かえ》ってきて……出光佐三の、不思議な『心の錬金術』というのほかないだろう。

イランとの取引はその後も暫《しばら》くは続き、出光興産の利益は、イラン油輸入の前年の二十七年には一億七千三百万円に過ぎなかったのが、二十八年には七億八千百万円、二十九年には八億六千六百万円、三十年には政変と政策の変更の影響で利益は下がったけれど、それでも六億七千三百万円であった。

それからは英国の謀略の成功で、イランの『石油国有』が骨抜きとなって、出光の利益も衰えていく。

＊

日章丸がイランに行ったとき、出光佐三氏はすでに数えで六十九歳であった。けれども事業の第一線の指揮はやめなかった。

昭和三十二年には、徳山の製油所を建設した。一日の原油処理能力は四万五千バレルで、それは当時、日本一の規模であった。

この工場の建設にあたって、出光佐三氏はたいへん出光らしい配慮を示した。それは地元への配慮で、公害防止上、工場のレイアウト、施設等に注意するのはむろんとして、地元の繁栄を考えて、工場関係のための購買機関とか、賓客をもてなす迎賓館とかは一切設けなかった。

「町で買いましょう。町のホテルを使いましょう。そうすれば町は栄えるだろうし、よくなるでしょう。安くもしてもらえます。共存共栄です」

その姿勢は、このあと千葉、姫路、苫小牧、愛知・知多と、順次製油所が建設される時にも、一貫された。

また、生涯に蒐集《しゅうしゅう》した仙厓《せんがい》の書画約千点を基礎に、他の美術品を加えて『出光美術館』を建設し、昭和四十一年の十月に開館した。


老後の出光氏にとって、最大の出来事は、氏自身の眼の手術であっただろう。

出光氏は、少年のころから眼が悪かった。そのために神戸高商でもガリ勉はできず、「その代わり、俺はよく考えるのだ」などと豪語していた。

だがしかし、それはやはり豪語に過ぎず、読書の十分にできぬ不自由は、自分自身が一番痛感していただろう。大成してからも部下への訓示などが、独善的、神がかり的になったのは、この『眼の不自由』ということが、大きく関係していたであろう。

すなわち、読書できないから、ディテールには疎《うと》い。また、それは余り考えなくなる。幾《いく》ら店主室の室員たちに「読ませて・聞く」といっても、自分自身で読むほど自由でなく、周到でもない。

かくて、独善的、神がかり的となる。それはそれでむろん欠点は多いが、そのかわり、細部にこだわらぬ大胆な発想・発言となったのかもしれない。そこに出光佐三独特のものが生まれたのであろう。

それはともかく、出光氏は眼科の良医を求めて、永年苦しんだ。どこへ行っても「手術しましょう」とはいってもらえなかった。最後に、数え年八十九歳になった昭和四十八年の二月に、慶応の眼科の教授で、当時白内障に関しては第一人者といわれた桑原安治氏を知って、その診察を乞うた。

桑原氏も、初めは手術を断わった。視力は〇・〇に近く、ご飯のおかずさえ、懐中電灯で照らして、眼鏡をかけた眼をくっつけて見ねば見えぬほどで、殆ど失明といえた。

「これは、駄目です」

だが、斡旋する人もあり、思い直して根本的に検討し直してみたという。その経緯は、専門的に過ぎるので割愛《かつあい》するとして、ともかく結局は引き受けた。

二月から五月まで、四カ月ほど入院した。出光氏の目はひどく引っ込んでいるので、瞼《まぶた》を切り開いて角膜の取り出しをした。

「井戸の底から、石炭を掘り出しましたよ」

手術が終わって、桑原氏は笑っていったが、普通は白いはずの白内障の角膜が、出光氏のは真っ黒だったという。

初めて包帯が外された時、出光氏は看護婦の白衣姿を見て、

「白とは、こんなに綺麗な色だったのですか！」

といったというのは、印象的である。

その後は、眼鏡をかけて〇・四まで回復したというから、晩年の何年かを、出光氏は常人に近い視力で過ごしたことになる。

軽い風邪がもとで、三月七日の朝、渋谷区青葉台の自邸で大往生した。病室とされた八畳間の床には、仙厓の二羽の鶴の絵が掛けられていた。

生前あれほど、財を集めることを排撃して、「事業は金儲けのためではない」「出光商会は、金儲けのために出立したものではない」といい続けていたのに、財は集まりに集まって、死後にはその遺産額は七十七億四千二百六十九円に達し、それは五十六年中に死亡した人の日本第一位であった。

＊

なお本書は、前著『小説出光佐三』との重複を避けるよう意を用いたが、なおやむを得ず重複するところが多少残りました。読者諸氏のご寛恕《かんじょ》を願う次第です。ま

た本書の取材については、出光興産取締役店主室長渡辺茂太郎氏の、編集についてはＰＨＰ研究所出版部の川越森雄氏、ならびに塩野めぐみ氏の非常なご協力を得ました。記して感謝の意を表明いたします。

昭和五十八年七月

木本正次

出光佐三略年表

年月	事項
明治	
四四年（一九一一）　六月	出光佐三、門司において出光商会を創立（六月二十日）。石油類の販売を開始。
大正	
三年（一九一四）	下関で発動機付漁船燃料油販売に着手。
	各地漁船向け販売の発端となる。
	満州に販路を開拓。
	南満州鉄道株式会社（満鉄）に機械油の納入を開始。
八年（一九一九）　一月	華北山東省に販路を開拓。
九年（一九二〇）	朝鮮に販路を開拓。
一一年（一九二二）	台湾に販路を開拓。
昭和	
六年（一九三一）	中京地区に販路を開拓。

七年（一九三二）　一一月　出光佐三、門司商工会議所会頭に就任（昭和十五年六月まで八年間在任）。

九年（一九三四）　一二月　出光佐三、満州国初代駐門司名誉領事に任命される（満州国存続期間中在任）。

一〇年（一九三五）　四月　華中に販路を開拓。

一一年（一九三六）　華北・華南に販路を開拓。

一二年（一九三七）　二月　出光佐三、貴族院議員に選任される（昭和二十二年三月まで十年間在任）。

七月　日華事変勃発。

一三年（一九三八）　一二月　日章丸（一世。一万四千重量トン）就航（昭和十九年二月、ダバオ沖で魚雷を受け沈没）。

一四年（一九三九）　一二月　中華出光興産株式会社設立（終戦により消滅）。

一二月　満州出光興産株式会社設立（終戦により消滅）。

一五年（一九四〇）　三月　出光興産株式会社設立。

四月　上海油槽所竣工。

四月　出光佐三、勲四等瑞宝章を受く。

一六年（一九四一）	一二月	大東亜戦争勃発（十二月八日）。
二〇年（一九四五）	八月	終戦（八月十五日）。海外全店閉鎖、引き揚げ開始。
二一年（一九四六）	四月	旧海軍タンク底油の集積作業開始。その他ラジオ修理・販売、印刷、農業、水産、醗酵等各種事業を行なう。
二二年（一九四七）	六月	出光商会は営業を停止し、出光興産株式会社に引継ぐ。
二四年（一九四九）	四月	元売業者として発足（四月一日）。
二五年（一九五〇）	六月	朝鮮動乱勃発。
	一〇月	民間貿易による原油の輸入を開始。
二六年（一九五一）	五月	民間貿易による重油の輸入を開始。
	一二月	日章丸（二世。一万八千トン）就航。
二七年（一九五二）	五月	高オクタン価ガソリンをアメリカから輸入。
二八年（一九五三）	五月	日章丸帰港し、イラン石油輸入に成功。
三二年（一九五七）	五月	徳山製油所竣工。
三三年（一九五八）	一月	徳山にマンモスタンカー荷受設備完成。

三四年（一九五九）	一一月	ソ連原油を初輸入（第一回、第二バクー原油二万二千三百三十三キロリットル）。
三八年（一九六三）	五月	千葉製油所竣工。
	一一月	石油連盟による自主生産調整の実施に反対し、石油連盟を脱退。
四一年（一九六六）	一〇月	社長出光佐三は会長に就任。
	一〇月	「生産調整」が撤廃され、石油連盟に復帰。
	一〇月	出光美術館開館。
四五年（一九七〇）	一〇月	姫路製油所竣工。
四七年（一九七二）	一月	会長出光佐三は店主に就任。
四八年（一九七三）	五月	中国（大慶）原油を初輸入（第一回、大慶原油一万三千四百トン）。
	九月	北海道製油所竣工。
五〇年（一九七五）	一〇月	愛知製油所竣工。
五六年（一九八一）	三月	出光佐三逝去（三月七日）。

解説

百田尚樹《ひゃくたなおき》

私は五十六歳の時に『海賊とよばれた男』（講談社刊）で出光佐三《さぞう》の生涯を描きましたが、実は出光興産の創業者であるこの人物がいかに凄《すご》い人であったかを、長年、知ることがありませんでした。

出光佐三が波瀾《はらん》に満ちた九十五年の生涯をとじたのは昭和五十六年（一九八一年）、私が二十五歳の時ですが、当時、この記憶はまったくありません。またその後の人生において、仕事でもプライベートでも、明治十八年生まれの大昔の経営者に関心を抱いたことは一度もありませんでした。

そんな私が出光佐三という名前を聞いたのは平成二十二年の夏、私が五十四歳の時でした。私は今も小説を書きながらテレビの構成作家をしていますが、ある日、友人のテレビ構成作家の女性と雑談している時、彼女がふと「日章丸《にっしょうまる》事件って知ってる？」と訊《き》いてきました。彼女はちょうどその時担当していた番組の企画で、

「世界を驚かせた知られざる日本人」というコーナーの企画を考えていたのです。「知らない」と答える私に、彼女は「日章丸事件」について詳しく話してくれました。それは驚くような出来事でした。

事件の発端となったのは一九五〇年代の中東で起こった紛争です。イランは半世紀にわたって自国の石油資源をイギリスの国営石油会社アングロ・イラニアン社に搾取《さくしゅ》され続けてきましたが、一九五一年に石油の国営化を宣言し、アングロ・イラニアン社の全石油施設を接収しました。イギリスは報復のためにアラビア海に軍艦を派遣してイランを経済封鎖し、さらに世界の国々に向けて、「イランの石油はイギリスのものである」と通告した上で、「イランの石油を購入するタンカーに対しては、いかなる手段もこうじる」と警告しました。翌年、イランの製油所から石油を積み込んだイタリアのタンカーはアラビア海でイギリスの軍艦に拿捕《だほ》され、積荷もろとも没収されました。それを見た世界の国々はどこもイランの石油を購入しようとせず、イランは経済的に逼迫《ひっぱく》しました。

その時、日本のある小さな石油小売会社が「正義はイランにあり。イランを救うのは自分たちである」という信念のもと、拿捕の危険も顧みず、一隻のタンカーをイランに派遣したのです。タンカーは見事、英国海軍の海上封鎖を突破し、イランの石油を日本に持ち帰ることに成功しました。これが国際的な大ニュースとなった「日章丸事件」です。日章丸とはこの時のタンカーの名前です。

私は事件そのものにも衝撃を受けましたが、それ以上に、これを立案計画し、実行に移した出光佐三という人物に大きな関心を抱きました。

出光佐三は、大英帝国だけでなく、当時、アングロ・イラニアン社と手を結んでいた強大な国際石油メジャー（セブン・シスターズ）を相手に、まったく怖れることなく立ち向かったのです。この時、国内の同業者の殆《ほとん》どがセブン・シスターズの傘下《さんか》となっていて、しかも政府や外務省も出光の計画を潰《つぶ》しにかかっていたのです。つまり出光佐三は内外をすべて敵に回して、これほどのことをやってのけたのです。この時、彼は六十八歳でした。

いったい出光佐三という男はどんな人物なのか――私は彼について調べ始めました。すると、その九十五年にわたる人生はまさしく「英雄の生涯」とも呼ぶべき偉大なものでした。あの「日章丸事件」でさえも、彼の人生にとってみれば、単なる通過点に過ぎなかったのです。

彼は生涯にわたって「黄金の奴隷たる勿《なか》れ」という信念を貫きました。この言葉は今日でも出光佐三を象徴する言葉となっています。彼は利潤追求は二の次とし、何よりも日本のため、国民のためにということを最優先した異端の経営者でした。「イラン石油購入」を計画したのも、それが国益にかなうと信じたからです。日章丸がイギリス海軍に拿捕されれば出光興産は倒産確実でしたから、多くの重役が猛反対しますが、出光佐三はそれを撥《は》ね退《の》け、自らの信念に基づいて行動しました。

また出光佐三は「社員は家族」という信念を持っていました。この言葉を軽々に口にする経営者は昔から少なくありませんが、本気で実行した経営者は極めて稀《まれ》です。しかし出光佐三の場合は本物でした。それは大東亜戦争終結時に証明されました。

出光興産は戦前、会社資産の殆どを外地（朝鮮半島、台湾、満州、中国大陸、南方）に移していました。約千人の社員の七割以上がかの地で働いていました。しかし敗戦と同時に出光は海外資産をすべて失いました。日本に引き揚げてくる社員に与える仕事もなければ払える給料もない――そんな絶望的状況の中で、出光佐三は驚くべき決断をしました。大量のリストラを進言する重役たちに向かって、「一人の社員のクビも切らない！」と宣言したのです。そして私財をなげうち、社員たちの面倒を見ます。当時、日本中に千五百万人もの失業者がいた中で、これは信じられない決断です。

出光がそうした理由は前述の「社員は家族」という信念もありますが、もう一つ、「社員こそ、会社の一番の資産である」という考えを持っていたからです。現代の経営者の多くが「社員はコスト」と考えているのとはまさに正反対です。

出光は終戦の日（ポツダム宣言受諾の日）の二日後、社員を前にして「ただちに建設にかかれ！」と号令しています。この時、彼は六十歳です。当時の六十歳は今の七十歳にも相当するでしょう。しかし彼は日本中が敗戦のショックに打ちひしがれている時、すでに未来を見つめていたのです。

こうした人物ですから、生前に残した言葉には、実に深く鋭いものがあります。出光佐三が書き残した言葉、訓示で語った言葉、講演やインタビューで語った言葉は、膨大なものが残されています。それらはまさに「金言」「名言」の宝庫です。その言葉は経営者の言葉というよりも、哲学者あるいは修行僧の言葉に聞こえます。

本書には、出光佐三のこうした素晴らしい言葉が数多く載せられていますが、著者、木本正次氏ほど、この編纂《へんさん》作業にうってつけの人物はいないでしょう。

私は『海賊とよばれた男』を執筆するにあたって、出光佐三の評伝や人物伝の殆どに目を通しました。その中で木本氏の書かれたものはひときわ優れたものでした。私は前述の多くの本を読んだ際、それらに書かれている出来事はすべて裏を取りました。ところが、木本氏の評伝には、他の資料にはない出来事が書かれていて、これ自体が一次史料であるため裏が取れないものがいくつもありました。そこで私は木本氏の御子息の木本正紀氏を訪ね、お話を伺いました。正紀氏の語るところによると、正次氏は本を書く場合、徹底的に取材し、不確かなことや曖昧なことは一切、しなかったということでした。実際に残された資料も膨大なものでした。

それもそのはず、木本正次氏は元毎日新聞社の記者で、取材に関しては筋金入りのプロだったのです。木本氏は黒部ダムの工事を描いたノンフィクションの『黒部の太陽』の著者でもあり、毎日新聞社を定年退職されてからは、本格的にノンフィクション作家として多くの本を出されています。ですから、出光佐三および関係者に徹底的に取材されたのに違いありません。

本書は木本氏が毎日新聞社を退職後に編まれたものです。ノンフィクション作家として脂《あぶら》の乗っている時です。木本氏が出光佐三といつ頃出会ったのかはわかりません。しかし彼が出光佐三に惚《ほ》れこんだことは著作を見ても明らかです。この本とは別に『小説出光佐三　燃える男の肖像』（にっかん書房刊）という評伝を著しておられます。

本書は異端の経営者、出光佐三が残した膨大な言葉の中から、木本氏が珠玉の言葉を選び抜いたものですが、単なる「名言集」ではありません。出光佐三の生涯を追いながら、その「名言」「至言」が、どのような場面において発せられたのかが書かれています。その多くは危難に直面した時で、それだけにその臨場感は凄《すさ》まじく、読者はその言葉の持つ深みをじっくりと味わうことができます。また本書を読めば出光佐三の生涯を辿《たど》ることもできます。

私は『海賊とよばれた男』で、出光佐三という人物を、その「行動」を通して描きましたが、本書は、出光佐三という人物を、彼の残した「言葉」によって描いたと言えるでしょう。

本書を手に取られた皆さん、ここには「人は何のために働くのか？」「働くということはどういうことなのか？」という問いに対する出光佐三の答えが書かれています。ここでその是非を論じるような野暮なことはいたしません。ただ申し上げたいことは、本書に出てくる言葉は作家やアーティストがレトリックで作った「名言」などではないということです。生涯にわたって戦い続けた男の信念と実践から出てきた言葉です。メッキではない無垢《むく》の重みがあります。

本書の単行本は出光佐三が亡くなった二年後に刊行されました。三十年の時を経て文庫として復刊された本書の解説を書かせていただいたことは、私にとって光栄の至りです。

（作家）

この作品は、一九八三年八月にＰＨＰ研究所
より刊行された。

著者紹介
木本正次（きもと　しょうじ）
大正元年（1912）徳島県生まれ。神宮皇學館（現・皇學館大学）卒。毎日新聞社に入り、のち作家に転じる。
主な著書に、『黒部の太陽』（毎日新聞社、講談社ほか）、『香港の水』（講談社、潮出版社）、『反逆の走路』（毎日新聞社、のち『夜明けへの挑戦』と改題して新潮社刊）、『四阪島』（上下巻、講談社）、『東への鉄路』（講談社）、『砂からの門』（日本能率協会）、『黒潮の碑文』（毎日新聞社）、『小説出光佐三』（にっかん書房）など多数。平成7年（1995）逝去。

PHP文庫　士魂商才の経営者
出光佐三語録

2013年2月19日　第1版第1刷
2013年7月2日　第1版第5刷

著　者　木本正次
発行者　小林成彦
発行所　株式会社PHP研究所
東京本部　〒102-8331　千代田区一番町21
文庫出版部　☎03-3239-6259（編集）
普及一部　☎03-3239-6233（販売）
京都本部　〒601-8411　京都市南区西九条北ノ内町11

PHP INTERFACE　http://www.php.co.jp/

制作協力
組　版　株式会社PHPエディターズ・グループ

印刷所
製本所　図書印刷株式会社

© Masanori Kimoto 2013 Printed in Japan
落丁・乱丁本の場合は弊社制作管理部（☎03-3239-6226）へご連絡下さい。
送料弊社負担にてお取り替えいたします。
ISBN978-4-569-67975-4

PHP文庫好評既刊

スティーブ・ジョブズ名語録

人生に革命を起こす96の言葉

桑原晃弥 著

「我慢さえできれば、うまくいったのも同然なのだ」など、アップル社のカリスマ創業者が語る〝危機をチャンスに変える〟珠玉の名言集。

定価五八〇円
（本体五五二円）
税五％